Sous le Ciel d'Afrique

———

DE SAINTE ANNE D'AURAY

A

SAINTE ANNE DU FERNAN-VAZ

Sous le
Ciel d'Afrique

~~~~~~~

DE SAINTE ANNE D'AURAY

A

SAINTE ANNE DU FERNAN-VAZ

~~~~~~~

RÉCITS D'UN MISSIONNAIRE

(&R P. J. Buléon)

———◦◦◦———

ABBEVILLE

C. PAILLART, IMPRIMEUR-ÉDITEUR

des Brochures illustrées de Propagande catholique

—

1896

AVANT-PROPOS

Au moment où l'attention du public est attirée sur les colonies françaises et sur nos congrégations religieuses, nous croyons faire œuvre utile en montrant quelle est l'existence et quel est le rôle des religieux dans nos colonies.

On trouvera, dans les pages qu'on va lire, le tableau simple et loyal de la vie d'un missionnaire catholique.

Toutes ont été écrites *par lui* ou *à son sujet* ; nous les transcrivons telles qu'elles ont été composées au hasard des circonstances, avec leurs différences de tons, de formes et d'auteurs. Cette variété ne nuira pas à l'unité de l'ouvrage, et elle permettra d'offrir aux diverses catégories de lecteurs tous les genres d'intérêt :

Aux curieux d'aventures et de lectures édifiantes, — des récits, tour à tour humoristiques ou émus, où se manifestent les illusions de la première heure et les promptes déceptions des jeunes missionnaires, la bonne humeur inaltérable qui les soutient, et la vaillance désintéressée qui les anime.

Au théoricien de la colonisation africaine, — le spectacle de leur habileté et de leurs succès pour amener, sans heurt et sans éclats, « la rencontre de deux civilisations » destinées à se fondre et à se compléter sur le continent noir.

A l'amateur de curiosités ethnographiques, — des aperçus intéressants qui ont fait récemment l'objet de conférences très remarquées à la Société de Géographie, au Muséum et au Cercle du Luxembourg.

A tous les amis de la Bretagne, enfin, — un exemple de l'amour proverbial, naïf et tendre, par lequel tout Breton emporte avec soi et conserve dans le sanctuaire de son cœur, le culte de sa « bonne Mère sainte Anne ».

Et maintenant, si ce livre va rejoindre le Missionnaire au fond de l'Afrique, qu'il nous pardonne d'avoir mis sous les yeux du public les lettres intimes où il a parfois laissé entrevoir, à ses amis et à ses frères, les joies et les tristesses de son âme :

Ce n'est pas sa personne que nous avons eu pour but de mettre en vue, mais son œuvre ; et si nous avons parlé de lui, c'est uniquement pour l'honneur de l'Eglise et la gloire de Sainte-Anne.

L'ÉDITEUR.

SANCTA ANNA

PATRONA BRITONUM, O. P. N.

~~~~~~~~~~

Dédié au R. P. Buléon, Miss. au Fernan-Vaz.

O Mère, pour que vos apôtres,
Perdus aux lointains horizons,
Puissent voir, comme ici les nôtres,
Fleurir d'immortelles moissons,
Ayez pitié de leur souffrance
Et daignez étendre vos bras
De la Bretagne de la France
A la Bretagne de là-bas.

MAX NICOL.

Le R. P. Buléon, à qui nous avons emprunté la matière de ce volume, est né en Bretagne, dans le pays de *Sainte-Anne d'Auray.*

C'est dans le petit Séminaire du célèbre pèlerinage qu'il a puisé ce filial amour de sainte Anne, qui le soutiendra dans ses épreuves et lui inspirera toutes ses entreprises.

Il appartient à la Congrégation du Saint-Esprit.

. . . . , ...

Sur cette indication, nous fermons la notice biographique : elle était nécessaire, mais elle suffira au lecteur pour comprendre la suite de nos récits

LES ADIEUX

(RÉCIT D'UN TÉMOIN)

———

Sainte-Anne d'Auray, 28 septembre 1885.

Il est parti.

Il semblait que rien ne pût l'émouvoir, ou du moins amener sur son masque impassible une trace d'émotion : je viens de constater enfin que le missionnaire est homme comme nous.

A la cérémonie de sa première grand'messe, quand tout le monde pleurait, il avait tenu bon. Sa mère, si douloureusement affligée malgré sa résignation de femme forte et chrétienne, était sans cesse en attente de recevoir brusquement ses adieux définitifs ; mais il avait résolu d'épargner aux autres — et à lui-même — cette crise inutile d'une séparation solennelle : il a voulu partir sans éclat, comme à la dérobée, sans rien dire.

D'ailleurs il déconcertait quiconque aurait eu envie de le plaindre : on était tenté de lui offrir des félicitations bien plutôt que des condoléances, tant il mettait d'enthousiasme à parler de sa Mission ; il n'avait hâte que de s'en aller.

Le dernier jour, il passa toute l'après-midi en famille, riant, faisant rire, racontant des historiettes ; jamais il n'avait eu tant de verve. Jamais aussi je ne l'ai vu plus viril : il quitta sa mère, dont il avait par sa joyeuse humeur endormi tous les soupçons ; il fit ses adieux à l'église, à la croix du cimetière, au bourg, à tout le monde, — avec une sérénité imperturbable.

Le soir, nous rentrâmes ensemble à Sainte-Anne, — à travers champs ; et le long du chemin, c'étaient des projets de mission et des rêves sans fin : de cœur et d'esprit il était déjà en Afrique !

Un moment l'émotion parut le gagner, mais il se reprit très vite. Le soleil se couchait ; les troupeaux rentraient dans les villages ; et les petits bergers, claquant du fouet, nous regardaient curieusement passer ; la soirée était douce, calme, un peu triste, comme une soirée d'octobre. A l'horizon, émergeait d'un bouquet de grands arbres la tour colossale de Sainte-Anne.

Tout à coup il s'arrête ; il étend les bras vers la campagne,

embrassant du même geste son village natal et le sanctuaire qui a
été le berceau de sa vocation apostolique : « Ah ! s'écrie-t-il, notre
pays est, tout de même, bien beau ! » Et il ajoute avec une
mélancolie, où se révélait discrètement le regret du pays qu'il
allait quitter :

Nos patriæ fines et dulcia linquimus arva !

*
* *

Cependant une lettre, qu'il attendait depuis plusieurs jours, n'arrivait pas. On devait lui écrire au petit séminaire de Sainte-Anne,
vers le 20 septembre, pour lui indiquer l'époque de son départ ; et
on n'avait pas écrit. Ce silence semblait être un indice que le
missionnaire aurait un mois de plus à passer dans son pays.

Etre condamné à un mois d'inaction, quand il était si impatient
de partir, cela le contrariait bien un peu, mais il avait des projets :
sur le conseil du R. P. Supérieur, il allait se diriger vers l'abbaye
de Langonnet, à petites journées, glanant par ci par là quelques
ressources pour sa Mission ; durant ses loisirs de Langonnet, il
aurait le temps de compléter ses notes sur l'apostolat au Gabon ; le
20 octobre, il reverrait Sainte-Anne, y chanterait la grand'messe,
ferait ses adieux aux élèves, etc., etc., etc. ; et, le 1ᵉʳ novembre
enfin, il s'embarquerait à Hambourg.

Il avait ainsi des projets... à défrayer toute une journée de
conversation ; puis en terminant il rappelait, en guise de conclusion, la conférence du R. P. Directeur sur les *imprévus*.

Oh ! les plaisantes mésaventures, — tous les ans renouvelées, —
de certains confrères qui voient leurs projets subitement déjoués par
des circonstances inattendues !... Il me contait cela avec de mali-
cieux détails, et non sans quelque satisfaction : à lui, en effet, tout
réussissait : il n'a ni surprise ni chagrins ; son séjour dans sa famille
lui a donné toutes les joies ; son départ s'est fait sans trouble et sans
émotion forte. C'est le soir d'un beau jour ! Et, ma foi, l'on dirait
qu'il en a presque du regret.

Le lendemain, il prit le chemin de Langonnet : c'était le samedi.
« Viens avec moi, me dit-il, à deux on est moins seul !... » Comment répondre *non* à cet argument mathématique ? D'ailleurs mon
cœur aussi me disait d'acquiescer à sa demande ; je partis. Et c'est
ainsi que, d'étape en étape, — lui toujours devisant avec entrain,
moi-même oubliant ma tristesse sous l'influence de cette bonne
humeur devenue communicative, — nous arrivâmes à Hennebont.

C'est à Hennebont que nous devions nous quitter.

« — Où coucheras-tu ce soir ? lui demandai-je.

« — Je n'en sais rien, dit-il. A Lorient peut-être ; peut-être ici. »

Ces braves religieux ! ça vit dans une insouciance naïve du lendemain, tout comme les oiseaux du bon Dieu. Ils ont foi dans la
Providence, — et dans l'hospitalité de leurs amis. C'est d'ailleurs
le conseil que Jésus leur a donné.

Dans l'après-midi, comme je rentrais à Sainte-Anne, le chef de
gare m'appela : « Il y a une dépêche pour le P. Buléon. »

Une dépêche ! Ce mot me fait toujours peur ; et il sonne à mes
oreilles comme une annonce funèbre.

J'ouvris la dépêche ; elle disait : « *Arrivez immédiatement;
départ demain pour le Gabon :* Emonet. »

« — La dépêche attend depuis hier ! » fit remarquer le chef de
gare.

Depuis hier ?... Et par conséquent le départ pour le Gabon avait
lieu aujourd'hui même... Au moment où nous parlions, la
caravane des missionnaires devait quitter Paris !...

Je fus atterré. J'eus comme la vision confuse d'un départ man-
qué, où croulaient tous les projets du pauvre Père.

Alors me reviennent en mémoire les récits que j'avais entendus,
les jours précédents : missionnaires désappointés changeant de
direction à la dernière heure, — religieux retenus toute leur vie loin
des Missions, dans une chaire de professeur, en France.

Toutes ces victimes de l'*imprévu* obsédent maintenant mon
esprit et le surexcitent, ayant l'air de narguer à leur tour l'humo-
ristique conteur, tombé dans le même piège qu'il plaisantait la
veille.

Cependant je lance quelques dépêches pour le rappeler au plus
vite... Peu à peu, aussi, le cauchemar se dissipe et le calme se fait
dans mon cerveau : je réfléchis alors qu'il doit être encore à Hennebont ; il y recevra mon télégramme à temps, et rentrera à Sainte-
Anne par le dernier train.

Ainsi rassuré, je télégraphie à la Maison-Mère : « *P. Buléon
arrivera Paris lundi soir.* » Et en attendant son retour, je ferme sa
malle, je prends note des dernières recommandations ; on lui prépare des provisions de voyage. A l'arrivée du train, tout était prêt,
emballé, cloué, étiqueté.

Le Père n'arriva pas.

Des voyageurs qui venaient d'Hennebont m'assurèrent qu'on ne
l'avait pas revu pendant l'après-midi.

Que faire maintenant pour le rattraper ?

Je n'en dormis pas : toute la nuit, je fis des combinaisons et des
plans.

Le lundi matin, par les premières voitures, j'emportai à la gare
tous ses bagages : il pouvait arriver en effet par le train ; au pas-

sage je lui jetterais ses valises, en lui disant de continuer sur Paris; et cela pouvait encore sauver tout. Le chef de gare très complaisant prolongera de quelques secondes l'arrêt de son train.

Le train arrive, — et passe, sans missionnaire !

J'expédie de nouvelles dépêches; — il faut à tout prix lui fermer toutes les issues; — et je prends moi-même l'express de Lorient.

A Lorient, personne n'a entendu parler de lui.

Eh bien, me dis-je, je vais me cantonner à la gare, pour surveiller le passage de tous les trains. Sur les entrefaites, je rencontrai un de ses condisciples, Eug. D..., qui me proposa d'aller faire faction à ma place au train de midi.

Mon factionnaire était à son poste depuis quelques minutes quand il vit venir un prêtre en long manteau; c'était le R. Père qui arrivait — je ne sais d'où, — toujours souriant, heureux d'une bonne aumône qu'il avait cueillie sur son chemin, enchanté surtout d'avoir retrouvé de vieilles connaissances.

D... lui dit qu'une dépêche l'attendait en ville, chez M. Bellec. « Bien, répondit-il, allons voir ! Ceci me permettra de faire une visite à l'un des meilleurs maîtres que j'aie connus à Sainte-Anne. » Et tout en marchant, son ami lui parlait d'un contre-ordre probable au sujet de son itinéraire; on le rappelait, peut-être pour le départ définitif.....

« — Ce n'est pas possible, observa-t-il; désormais je n'arriverais plus à Hambourg avant le 1ᵉʳ octobre. »

Et il causait toujours, toujours convaincu que l'embarquement de sa caravane ne pouvait avoir lieu qu'à Hambourg.

Mais quand il me vit, ses traits changèrent tout d'un coup, il s'arrêta, sa figure se contracta, et d'une voix qu'il essayait de faire paraître assurée, il me dit: « Qu'est-ce qu'il y a? »

« — Tu n'iras pas à Langonnet; on te rappelle en toute hâte à Paris, où tu devais être dès hier soir !... »

On nous avait invités à dîner, il ne prit rien; il était impatient, nerveux; la crainte de manquer sa Mission l'étranglait; bientôt, heureusement, il se mit à faire diverses conjectures; cela me permit de lui suggérer mille suppositions, de l'occuper, de le distraire, de le consoler, de l'égayer même; et il se laissa faire.

« Ah ! disait-il en essayant de sourire, je me croyais prêt à tous les imprévus; mais je n'avais pas prévu ceci. Le Bon Dieu m'a laissé prendre racine dans mes beaux projets; et voilà qu'il m'en arrache violemment pour me lancer dans l'incertitude... Toutefois j'espère encore arriver à temps ! » Je fis remarquer en effet que la dépêche ne parlait ni de *Hambourg,* ni du *premier octobre;* mais je me gardai bien de lui montrer le texte, qui fixait au dimanche le départ de Paris. — Nous étions au lundi !

Ne valait-il pas mieux le laisser partir avec quelques illusions, quelques espérances, au lieu de mettre son esprit à la torture pendant le trajet de Lorient à Paris.

Arrivé en gare de Sainte-Anne, il était presque redevenu gai. « Comme je rirai de ceci plus tard, me disait-il ; le bon Dieu m'a attrapé et happé de la belle façon. »

Entre le train omnibus et l'express, nous avions une heure à passer ensemble, la dernière ! C'était tout juste le temps qu'il fallait pour échanger nos dernières confidences. Quand le train arriva en gare, je me jetai aux pieds du Missionnaire, il me bénit, m'embrassa, et rapidement disparut dans un wagon.

Il était parti !

Qui donc a prétendu que la formation religieuse dessèche le cœur du Missionnaire !... Tout d'abord il semblait en effet que rien ne pût émouvoir celui-ci, ou du moins amener sur son visage inaltérable une trace d'émotion.

Mais si l'émotion, enfin plus forte, a fini par se trahir, elle n'a rien ôté à notre estime, elle ajoute plutôt encore à notre vénération, car elle nous laisse entrevoir l'étendue de son mérite ; s'il fait violence à son cœur, en masquant son émotion d'une apparente indifférence, c'est pour atténuer la peine de ses amis, au risque de doubler la sienne.

* *
*

Je revins seul au village de Sainte-Anne, à pied, par des sentiers détournés ; sous l'impression de ce départ si brusque et peut-être définitif, j'avais besoin d'être seul.

J'essayai de réciter mon Office : hélas ! le pauvre missionnaire absorbait toutes mes pensées ; tout me parlait de lui ; de chaque page sortaient des allusions aux dangers de son apostolat ; et lorsque j'arrivai à Complies, l'émotion jaillit en larmes de mes yeux : c'est lui, — toujours lui, — que je me représentais dans la solitude de sa tente, au milieu du désert peuplé de serpents et de bêtes féroces, exposé aux coups des Sauvages ; et ma confiance était mêlée d'effroi, pendant que je disais :

Tu n'as rien à craindre ni de la flèche qui vole au milieu du jour, ni de la contagion qui se glisse dans les ténèbres, ni des attaques du démon du Midi.

Le mal n'approchera pas de toi, et les fléaux s'éloigneront de ta tente :

Car le Seigneur a commandé à ses anges de te garder partout où tu iras.

Ils te porteront dans leurs mains, de crainte que tu ne heurtes ton pied contre la pierre ;

Tu marcheras sur l'aspic et le basilic, et tu fouleras aux pieds le lion et le dragon (1).

Mais le bon Dieu trouve remède à toutes les tristesses : après cette énumération émouvante des périls qui attendent le Missionnaire en Afrique, d'autres paroles se présentèrent à mes yeux, qui répondaient à mes craintes comme une prophétie heureuse :

Je serai avec lui dans la tribulation ; il en sortira avec mérite et gloire ;

Il vivra de longs jours (2).....

Sur la foi de ces promesses divines, je repris courage ; et sainte Anne, à qui je faisais part de mes tristesses, le soir, acheva de me rassurer sur l'avenir du missionnaire : « Je serai avec lui dans la tribulation !... »

                                                          S. F.

---

(1) « *Non timebis... a sagitta volante in die, a negotio perambulante in tenebris, ab incursu et dæmonio meridiano ;*

« *Non accedet ad te malum, et flagellum non appropinquabit tabernaculo tuo ;*

« *Quoniam angelis suis mandavit de te, ut custodiant te in omnibus viis tuis ;*

« *In manibus portabunt te, ne forte offendas ad lapidem pedem tuum ;*

« *Super aspidem et basiliscum ambulabis, et conculcabis leonem et draconem.*

(2) « *Cum ipso sum in tribulatione : eripiam eum et glorificabo eum ;*

« *Longitudine dierum replebo eum...*

ITINÉRAIRE DE PARIS AU GABON

Gabon, 1885.

Il y a quelques mois, au moment où je quittais la France, mes amis me dirent : « Écrivez et envoyez-nous le journal de votre voyage. »

Voici mon JOURNAL.

Je doute que ces fugitives impressions, notées au jour le jour et sans aucun souci d'art, puissent intéresser quelque lecteur. Toutefois, mes amis, puisque vous y tenez, je veux les retranscrire pour vous, car c'est votre affection qui m'a inspiré de les écrire, et c'est le désir de vous plaire qui a retenu jusqu'au bout la plume entre mes doigts.

Si vous y trouvez quelques accents mélancoliques, excusez-les ; ce sont les feuilles mortes qui tombent nécessairement de tout arbre déraciné. Mais croyez bien que l'arbre dépaysé est resté sain ; sur la terre d'Afrique, il refleurira mieux encore qu'au pays natal ; et s'il plaît à Dieu, il portera de bons fruits.

J. B.

I. — Départ.

— « Ah ! Père Buléon, vous êtes en retard ! Depuis cinq jours on vous attend !... Voici votre billet ; vos bagages sont enregistrés, la voiture est à la porte ; allez, allez, partez vite. »

C'est avec ces paroles, dites d'un ton agacé qui essayait vainement de paraître bienveillant, que je fus accueilli, le 27 septembre, à la Maison-Mère. Et le Frère portier, qui contemplait la scène avec son indifférence de bon religieux et son flegme de concierge blasé sur de telles émotions, ajoutait cette remarque profonde : « C'est que, voyez-vous, le train n'attend pas. »

Un de mes bons amis, contrarié plus que tout autre, faisait des gestes d'impatience ; et, ne tenant pas en place, il finit par me tourner le dos en murmurant : « Ouais ! ouais ! voilà un missionnaire qui n'ira pas au Gabon ! »

Hélas ! il est bien vrai que j'arrivais en retard. Et dès lors, je courais en effet grand risque, — mon cauchemar ! — de manquer le Gabon. J'avais à peine le temps de rattraper, à Liverpool, mes compagnons de voyage. Il n'y avait pas une minute à perdre !

Une bénédiction donnée par le T. R. Père avec une paternelle bonté ; quelques accolades aux connaissances accourues pour saluer le partant; des poignées de main rapides... et « Fouette cocher : gare Saint-Lazare ! »

Une brusque secousse, un roulement sourd sur le pavé cahoteux : j'étais parti ! *Sancta Anna, vià peregrinorum, ora pro nobis.*

Ah ! le Bon Dieu est bon, qui nous épargne ainsi, dans la surexcitation d'un départ inopiné, les hésitations et les tristesses d'une séparation peut-être définitive.

. . . .

Moins de deux jours après, ayant traversé à toute vapeur la France et la Manche, j'arrivais dans la capitale de la Grande-Bretagne.

Il était dix heures du soir; et à cette heure, la ville brillamment éclairée présente un féérique spectacle.

Mais le moment n'était pas d'admirer, pour un missionnaire qui tournait le dos au monde civilisé, exilé volontaire au pays sauvage. L'œil ébloui sans doute, mais sans nul regret au cœur, je traversai Londres comme un étranger indifférent.

J'étais seul, en soutane, ne connaissant personne. Les prêtres ne paraissent guère ici en costume ecclésiastique : ce n'est pas l'usage. Toutefois, quoi qu'on en dise, la soutane n'est pas mal vue en Angleterre : on la regarde avec quelque curiosité, mais on la traite avec respect, souvent avec plus de respect qu'en France.

A bord des vapeurs, nous sommes toujours bien accueillis.

Et pourtant les missionnaires français devraient être doublement suspects à l'Angleterre, car sur presque tous les points du globe, nous avons mission de combattre sa religion officielle; et, du même coup, en paralysant l'autorité religieuse de ses ministres, il se trouve que nous opposons à l'influence politique de ses agents les plus sérieux obstacles.

N'importe, elle nous traite avec déférence. Cette nation qui se distingue entre toutes par son prosélytisme politique et religieux, apprécie tous ceux qui se dévouent à l'apostolat, quand même ils prêcheraient contre elle !

Après quelques heures passées à Londres, je dus reprendre à la hâte, le chemin de Liverpool.

Remarquez qu'en fait d'anglais, mon vocabulaire se réduisait alors à « *yes, nò* » et quelques autres mots, que tout voyageur sait et doit savoir. Aussi, les ai-je cent fois répétés à qui voulait les entendre, et grâce à cela, — ou peut-être malgré cela, — je me suis honnêtement tiré d'affaire.

Dans cette immense gare où je voulais prendre le train, une foule compacte allait, venait, se croisait, se poussait ; et mes deux yeux pouvaient à peine me suffire pour ne point perdre de vue un train que l'on m'avait indiqué là-bas, au milieu de beaucoup d'autres, et qui était en partance pour Liverpool. Hélas ! le train de Liverpool ressemblait à son voisin et à tous les autres ! Je le fixais du regard, j'étais sûr de mon affaire ; lorsque tout à coup, au milieu de cette bagarre, un Monsieur, un Anglais, très bien mis, cravaté de blanc, ganté de noir, fend la foule, court sur moi tête baissée, se découvre et tombe à mes genoux ! Je passe outre. Il saisit mon cordon et me supplie de le bénir ! Il fallut s'exécuter. « Môsieur, dit le Monsieur en se relevant, vô missionnaire French, moâ catholic, moâ consioul dans l'Inde, bonne voyège. Adiou !... »

Le pauvre consul ! Il m'a dit tout le français qu'il savait, il est pressé, je le suis encore plus ; il disparait dans la foule ; et là-bas, je vois plus de vingt trains qui ressemblent tous à celui de Liverpool. Hélas ! le mot profond du Frère portier me corne de plus en plus aux oreilles : « C'est que, voyez-vous, le train n'attend pas ! »

A bout de ressources, je montre au premier employé qui se rencontre, ma carte de voyageur, appuyé du meilleur « Liverpool » que mon gosier peut émettre ; et voilà mon Anglais qui part à la course, emportant ma carte, je le suis ; il bouscule tout le monde, je fais de même ; nous arrivons, il ouvre un wagon, verrouille la portière, et salue en tendant la main ; j'y laisse tomber quelques « pences » et le train part.

Çà et là, notre rapide s'arrête, parfois des Anglais montent, d'autres descendent, d'autres continuent à ronfler ; moi je tâche de me persuader que je sais l'anglais, et au besoin je tiens tête à ceux qui ont l'imprudence de me parler ! A ceux qui causent trop longtemps, je réponds par le silence le plus obstiné : cela s'appelle « être réservé. » Lorsque je saisis le sens d'une question, je réponds d'un air distrait, tantôt *yes,* tantôt *nò :* — c'est du laconisme ! Mais en présence d'un employé ou d'un cocher de fiacre, je prends l'offensive, je cause et je discute : lorsqu'ils attaquent en anglais, je crie plus fort qu'eux en français ; je montre du doigt et fais de gros yeux. Je ne sais si j'ai dans le regard quelque chose de « britannique ; » mais quand l'expression manque aux lèvres, il est rare que les yeux ne se fassent pas comprendre. Et c'est grâce à cela qu'à trois heures du matin, j'arrive sans encombre à Liverpool, — « Havana Hôtel. »

Le courrier partira à trois heures de l'après-midi : il est trois heures du matin, dormons...

Oh ! oui, j'ai bien dormi. Je dormais encore profondément lorsqu'à dix heures du matin, je fus éveillé au bruit d'un formidable *Benedicamus Domino*, poussé par huit fortes voix, dans une jolie chambre que le soleil éclairait depuis longtemps.

Enfin, je revois mes confrères : deux d'entre eux m'accompagnent au Gabon : les six autres ont leur destination pour le Congo.

Nous dînons, nous plions bagage. Et, à trois heures, au moment où le *Biafra* frissonnait aux premières trépidations du départ, nous étions tous sur le pont, tournés vers la terre qui allait bientôt disparaître pour longtemps à nos regards.

A cette heure, une seule pensée remplit nos âmes ; un seul souvenir fait battre nos cœurs : la France, nos parents, nos amis.

> Adieu, charmant pays de France,
> Pays que je dois tant chérir,
> Berceau de mon heureuse enfance,
> Adieu... te quitter, c'est mourir !!!...

Ainsi, dit-on, chantait en pleurant l'infortunée Marie Stuart, lorsqu'elle allait quitter pour toujours le pays de ses beaux jours. En ce moment, au souvenir de la patrie, la plainte de la pauvre reine devient aussi la voix de mon cœur ; et comme elle, je me sens le besoin de pleurer. Larmes trop légitimes pour que je cherche à les déguiser ou à les excuser. D'ailleurs elles ne viennent ni du chagrin ni du regret. Ce n'est qu'un simple frisson de Breton dépaysé. Cette séparation met en effet le comble au plus cher de mes désirs ; et c'est avec joie, presque avec fierté, que je vois se consommer le sacrifice qui me permet enfin de murmurer pour mon compte la prière des apôtres : *Domine, ecce nos reliquimus omnia, et secuti sumus te.*

Mais vous savez que je suis Breton : et le plus flegmatique de chez nous ne pourrait se détacher de son pays sans éprouver une crise d'irrésistible émotion. Je viens de payer mon tribut à la Bretagne et à la nature : maintenant, à la grâce de Dieu !

Cependant la terre se confond peu à peu dans la brume de l'horizon ; un vent froid nous pénètre et nous glace ; un profond silence règne parmi les passagers ; les uns, absorbés dans une vague rêverie, regardent toujours du côté où la terre disparaît ; les autres, plus pratiques, contrôlent leurs bagages. Je sens moi-même le besoin de m'arracher à cette impressionnante situation, et je descends dans ma cabine pour invoquer, en faveur de notre voyage, la protection de sainte Anne et Notre-Dame du Rosaire.

Maître-autel de la basilique
de Sainte-Anne.

La mer est mauvaise ; nous aurons une tempête : *Sancta Anna, portus salutis navigantium, ora pro nobis.*

2

II. — **Tempête.**

Jeudi, 1ᵉʳ octobre. — La mer est toujours de plus en plus agitée ; il pleut à verse ; de gros nuages sombres s'entassent dans le ciel ; mauvais signe ! Déjà tous mes confrères éprouvent le mal de mer ; il paraît que c'est un vilain mal. Aux repas, il n'y a guère d'entrain ; de la voix et du geste, mon voisin l'Anglais semble me dire : « J'ai mal à l'estomac ! » et, au bout de quelques minutes, tous désertent la salle à manger. Moi-même, je suis loin d'y faire bonne contenance ; le roulis me fait tourner la tête.

Vendredi. — La nuit a été très mauvaise : sans prendre la peine de me déshabiller, je m'étais étendu sur mon lit; et, cinq ou six fois, j'ai failli être précipité sur le plancher... Vrai ! le roulis commence à n'être pas commode ! Enfin, vers six heures du matin, j'allais fermer l'œil, lorsqu'un confrère se précipite dans ma cabine : « On met les chaloupes à la mer, » s'écrie-t-il. — Ils ont bien raison, pensais-je, car de ce train-là... » Je n'eus pas le temps d'achever qu'un brusque mouvement de roulis me couchait sur le plancher ! — Souvent j'avais désiré voir une tempête; hélas ! en ce moment j'étais exaucé au delà de mes désirs. — Oh ! là, là ! quel spectacle, et quelles douches, et quelle danse ! Chaque lame inondait le navire ; et chacune, en le secouant, l'inclinait d'un mouvement brusque, de tribord à bâbord ; par moments élevé sur la crête des vagues, puis tout à coup retombant au fond d'un gouffre, entre deux montagnes d'eau qui l'étreignaient et le faisaient craquer dans toute sa membrure, il allait toujours, affolé, bondissant, vertigineux.

Au salon, je trouvai tous mes confrères réunis, les uns couchés, les autres assis ; personne ne disait mot. Jamais le silence ne m'a paru plus éloquent. — Que faire? Inutile de songer à lire du bréviaire, il faut en prendre son parti ; et, tirant mon chapelet, je m'assieds, résigné à mourir — ou à vivre : advienne que pourra !

La journée se passe lentement, tristement ; et la tempête grossit toujours. Au souper, on essaie néanmoins de faire bonne contenance... chacun y arrive en titubant, comme en Bretagne au retour du Pardon.

Les *violons* sont dressés : les violons, ce sont des cordes tendues que l'on dispose le long des tables pour maintenir les verres et les assiettes pendant que le navire *danse* sur les flots. Est-ce pour cela qu'on les appelle *violons?* Je n'en sais rien ; mais bien sûr, dans le cas présent, ils ne servent pas à grand'chose. A peine ai-je le temps de goûter ma soupe que mon assiette s'abat sur mes genoux; les verres prennent la direction des cloisons et volent en éclats. Ce n'est pas encourageant! On apporte de la viande, on pique dans son assiette, on vise un morceau; et, croyant le porter à sa bouche, voilà qu'on le plante dans l'oreille du voisin. Décidément, il faut y renoncer. On se traîne, on se hisse, chacun de son côté, chacun comme il peut. — « La nuit sera affreuse! » murmure le capitaine en se levant de table.

Au lieu d'aller me coucher, je m'empare d'un canapé dans le salon. Dehors, à mes côtés, à deux doigts de moi, — l'épaisseur d'une planche! — gronde la mer en furie; mais la fatigue est si forte que j'entre bientôt néanmoins dans une sorte de somnolence, dont profite mon imagination pour s'échapper dans la région des rêves. Semblable à ces pigeons voyageurs qui, dès qu'ils se sentent libres, reviennent spontanément à leur pays d'origine, ainsi l'âme du missionnaire, pendant que sa volonté sommeille sous ses membres endormis, prend aussitôt son vol; et, portée d'un irrésistible élan sur les ailes du cœur, elle se dirige vers la Bretagne.

Je revois ma mère, — ma mère qui ignorait peut-être encore mon départ, et qui m'attendait; — je crois revoir Sainte-Anne et tous ceux que j'aime là-bas; les vastes récréations plantées d'arbres, où l'on joue, où l'on crie, où l'on cause, où l'on est heureux. Oh! les charmants tableaux qui passaient devant mes yeux; lorsque tout à coup, pouf!... je tombe; et, en bousculant les chaises sur mon chemin, je roule sous la table, incapable de m'accrocher à rien, donnant de la tête à droite et à gauche. En chemin s'égarent mon chapelet et mon bréviaire; impossible de les retrouver; impossible aussi de renfoncer la bosse que je me suis faite au front. Mes mains tâtonnent et cherchent en vain un point d'appui qui leur échappe toujours; le canapé semble fuir. Je ne riais pas en ce moment-là.

C'est avec des peines inouïes que je puis enfin me remettre en équilibre, et prêter l'oreille à ce qui se passe autour de nous. La cloche d'alarme ne cesse de tinter; et, à la cuisine, comme pour lui faire écho, les marmites battent la générale; de toutes parts se croisent les brefs commandements de la manœuvre; et les flots continuent à nous secouer avec rage, tandis qu'auprès de moi se tient, cloué au plancher, un pauvre chat qui a le mal de mer depuis deux jours; il meurt de frayeur et ne cesse de miauler...

Samedi 3 *octobre.* — A quelle heure me suis-je endormi? Je n'en sais rien; jusqu'à quelle heure suis-je resté là? ma montre que j'avais oublié de remonter ne me l'a pas dit; mais il me semble qu'un poids immense a été soulevé de dessus ma poitrine; le grand air entre à flots avec les rayons du soleil par les sabords entr'ouverts ; le calme s'est rétabli sur les eaux ; et le *Biafra,* mollement balancé par les flots, vogue à toute vapeur vers l'Afrique.

III. — Nos Compagnons.

Du dimanche 4 octobre au mercredi 7. — Décidément le temps est au beau ; pour la première fois depuis huit jours, nous pouvons dire la messe ; et nous nous unissons aux catholiques pour célébrer solennellement la fête du Rosaire. Les victimes du mal de mer quittent leurs cabines, et se hasardent peu à peu sur le pont. Les uns après les autres ils font leur apparition, et viennent mélancoliquement s'appuyer sur les bastingages pour voir couler l'eau. Nos compagnons ne sont pas nombreux.

Le petit blondin se rend à Bonny ; le créole et le maigre iront au Congo, et l'Allemand à Ambriz. Reste un dernier personnage, grand, sec, très sec et sérieux ; il parle un peu français, et se tait aussi souvent que possible. Habituellement il fait les cent pas sur le pont, s'arrête parfois, regarde au loin, et fait claquer ses doigts ; puis il reprend sa marche comme tous les autres ; il est protestant, mais il estime les catholiques. Chaque année il vient à Madère passer la saison d'hiver.

Quant à l'équipage, nous n'avons rien à en dire. Il n'y a pas, parmi les officiers, un seul qui puisse ajuster deux mots de français. Le capitaine, petit homme, très froid mais très poli, a une théorie religieuse assez remarquable. Il considère les religions comme autant de lignes parallèles, partant de la terre et atteignant le trône de l'Eternel ; toutes les lignes sont égales, toutes sont bonnes Au ciel il y aura le canton catholique, le canton anglican, et d'autres cantons encore. Le bon Dieu pour tous et chacun pour soi. Quant à lui, il ne s'occupe pas de la ligne qu'il suit, ni du canton qu'on lui assignera, si on lui en donne un : pourvu que le *Biafra* marche son train, ça lui suffit.

Les officiers font bande à part, travaillent peu, dorment assez, mangent beaucoup ; et passent le reste du temps à médire du capitaine. C'est la règle.

IV. — Madère.

Mercredi 7 octobre. — Dès six heures du matin, une masse de rochers se dégage de l'horison et surgit à notre gauche : c'est Porto-Santo. A droite, plus avant, voici les Trois-Désertes ; et devant nous, Madère ; nous y serons à dix heures.

Le beau spectacle que celui de ces montagnes aux gigantesques cimes, sous le ciel le plus pur qui se puisse rêver ! *Mirabilis in altis Dominus !* s'écriait le roi-prophète, à la vue des montagnes ; et vraiment, ce cri de surprise et de louange s'échappe naturellement du cœur du chrétien, devant ces admirables jeux de la nature brusquement immobilisée en ses bondissements : *montes exultaverunt ut arietes.*

A la vue de Madère, on croirait voir surnager une corbeille de fleurs cueillies dans les Pyrénées, et que le Seigneur aurait jetée là au milieu de l'Océan pour réjouir un instant le voyageur dans sa course monotone. Tout autour une mer bleue, tachetée par les voiles blanches des petites barques et la noire fumée des steamers ; à l'intérieur, des montagnes toutes cultivées, couvertes de verdure ou plantées de forêts.

Colonie portugaise, *Madère* est habitée par les Portugais, et quelques Anglais. Où ne trouve-t-on pas les Anglais ? Le pays est très riche, mais trop peuplé : il ne suffit pas à nourrir ses habitants. On y cultive l'orange et tous les fruits africains ; quant à la vigne qui a fait sa célébrité, elle a péri à peu près complètement depuis quelques années. Mais le vin de Madère ? demandez-vous, le délicieux Madère ne se récolte pas, il se fabrique... Dam ! sans cela à quoi servirait la chimie ?

Mettant à contribution quelques mots de portugais appris au noviciat, j'entamai conversation avec les Insulaires venus à bord pour vendre et voler le plus honnêtement possible. Emerveillés d'entendre un Français balbutier leur langue, ils nous entourent, nous caressent du regard, et nous accablent de leurs offres, bananes, oranges, ananas ; ils ont même des oignons.

Nous demandons du raisin. « *Naô, senor, impossivel ! impossivel !* » s'écriaient-ils en gémissant, « nous n'avons qu'un petit nombre de grappes, et on les emploie toutes à faire du vin ; le vin se vend très cher. »

Inutile d'insister : ils avaient des pommes, nous achetons quelques pommes. Cependant autour du navire, s'agite une flottille de petites embarcations d'où nous haranguent à tue-tête les petits plongeurs : « Jette-moi un schelling et j'irai le ramasser au fond de la mer !... Donne-moi un schelling, je plongerai sous la quille du navire, pour reparaître de l'autre côté ! » Vêtus de leur peau brune, et, en guise de pardessus, d'un chaud rayon de soleil, — ils nagent dans une sorte de long sabot, qu'ils manœuvrent avec une étonnante dextérité. C'est merveille de les voir voltiger à la surface de l'eau et se faufiler entre les barques autour de notre bateau géant. Et toujours se continue leur harangue, rythmée sur un ton de mélopée suppliante : on dirait une de ces monotones sérénades de rainettes, que nous entendions en Bretagne, les soirs d'été, jadis.

Enfin, un Anglais, sensible à ce mélancolique appel, jette à la
mer une pièce d'argent : grenouilles aussitôt de sauter dans les
ondes! Les sabots volent d'un côté, les rames de l'autre ; et sous
l'eau, prestement lancés, cinq ou six corps nerveux glissent, se
battent et se bousculent. Au bout de quelques minutes, une tête
laineuse apparaît, toute radieuse sous un masque cuivré ; une main
s'agite, faisant miroiter au soleil la pièce d'argent. L'Anglais jette
une seconde pièce, puis une troisième ; la contagion de la générosité a gagné les voisins ; et littéralement, l'argent pleut dans l'eau,
à la grande joie des plongeurs, qui s'enrichissent à ce jeu, et des
passagers qui s'y amusent.

Jeu peut-être sans danger, mais qui me rappelle trop la triste ballade, où l'écuyer du roi, provoqué par son maître, plongeait pour
recueillir la coupe royale au fond de l'abime : « A la troisième fois
on écoute encore le remous, on regarde inquiet, les flots montent,
montent et passent ; aucun ne ramène le jeune audacieux. »

V. — Les Canaries. — Un Marseillais.

Vendredi 9 octobre. — Qu'on est heureux de rencontrer sur la
terre étrangère, au milieu d'une foule dont le langage et les mœurs
vous font sans cesse ressouvenir que vous êtes étranger, un Français qui parle bon français.

Aux Canaries nous avons eu ce bonheur ; nous y avons rencontré un Marseillais de Marseille, établi là depuis vingt ans. Ah !
le brave Marseillais! Il nous a tenu compagnie pendant une heure
parlant de Marseille, des Canaries, de la France qui est sa patrie,
et de l'Espagne qui est son pays d'adoption. Bref, il fut charmant ;
il ne nous a quittés qu'après nous avoir cordialement félicités
d'être en nombre pour causer français.

Il savait bien, lui, ce que c'est que voyager en compagnie des
Anglais. En 1864 il s'embarqua pour la première fois à Liverpool
pour venir aborder aux Canaries. Un capitaine ne possédant de
français que son amabilité, quelques officiers anglais et deux ou
trois voyageurs anglais parlant anglais, tel fut son entourage pendant quinze jours de traversée. A tout ce monde il adressa vainement la parole, essayant tour à tour de lier conversation, en
français ou en espagnol ; et, pour se désennuyer, il n'avait d'autre
ressource que de chanter une chanson du pays.

Enfin, la terre apparut ; dans les îles Canaries on parle espagnol ; il savait l'espagnol, il pourrait parler. Au débarcadère, l'un
de ses compagnons, celui qui couchait dans la même cabine que
lui, l'aborde très humblement, chapeau bas, les pieds joints, et lui

dit en très bon français : « Monsieur, je ne sais pas l'espagnol et je désire visiter *Las-Palmas* : auriez-vous l'obligeance de m'accompgner!... » Le Marseillais fixa son flegmatique interlocuteur ; et, craignant de donner un soufflet, il tourna les talons sans mot dire. Après vingt ans il frémissait encore à nous raconter cette vilenie.

Las-Palmas n'est pas la capitale des Canaries ; mais elle possède un évêque et compte 5,000 âmes. La ville est bâtie à l'orientale : toutes les riches demeures ont terrasse... Mais, de la rue, l'œil du passant peut découvrir tout l'intérieur des pauvres, les pauvres n'ayant pas de porte à leurs habitations ; à quoi bon ? Ils n'ont rien à perdre, ils vivent au jour le jour, sans provisions pour le lendemain ; et les intempéries des saisons leur sont inconnues. Le thermomètre ne varie jamais que de 16° à 25°. C'est un printemps éternel ! Aussi, *leur jardin des plantes* (car ils en ont un), voit fleurir le pommier et le mûrier à côté du palmier et du manguier : c'est un champ de verdure qui se renouvelle sans cesse ; les fleurs changent et varient, mais ne disparaissent jamais.

La grande culture du pays, et sa richesse, c'est un insecte, la cochenille, si précieuse pour la teinture... Sa couleur est d'un gris mât ; et, sauf la couleur, elle ressemble beaucoup à ce qu'on appelle, en Bretagne, la petite bête à bon Dieu.

Voici comme on la cultive : On fait une plantation de *cactus ;* et lorsque les pieds ont grandi, on dépose sur leurs feuilles quelques cochenilles vivantes qui se reproduisent jusqu'à cent cinquante et deux cent fois. Le propriétaire doit surveiller et protéger leur développement ; et, lorsqu'elles sont mûres, c'est-à-dire bien saturées de sève, les détacher de la plante à laquelle elles adhèrent, comme les coquillages aux rochers de nos grèves. Alors il suffit de les étouffer et la marchandise est prête à être livrée.

La cochenille est un trésor pour ces îles ; on a vu des gens qui achetaient une terre de 10,000 francs, vendre à la fin de la première année pour 12,000 francs de cochenilles.

Et les serins ? — J'ai vu les serins des Canaries. Une nuée de canots a couvert la mer dès notre arrivée ; ces gens venaient à grands cris nous vanter leurs marchandises en nous offrant des bananes, des oranges, du raisin ; et chacun d'eux avait sa cage avec trois ou quatre serins, les plus jolis serins du monde, des canaris authentiques. Et il y en avait tant..., qu'ils auraient suffi à égayer les chambres ou à charmer les loisirs de tous les vicaires de la petite Bretagne !...

A six heures du soir nous saluons, une dernière fois, le pays enchanté. Au loin, le pic de Ténériffe se dresse majestueux au sein de l'océan : la fumée qui couronne son front et les lueurs qui l'environnent pendant la nuit, rappellent aux voyageurs que là aussi au milieu de ces richesses, le bonheur est loin d'être sans trouble. Les tremblements de terre n'y sont pas inconnus; et la lave qu'on foule aux pieds fait prévoir qu'un jour ou l'autre, quand Dieu le voudra, au premier frémissement de ces montagnes, la mort et la désolation viendront visiter de nouveau ces îles enchantées.

VI. — Clair de lune.

Samedi 10 *octobre.* — La mer est calme. A vingt-cinq lieues à gauche sont les côtes d'Afrique; de loin en loin, de grands oiseaux viennent voltiger autour de nous. Un vent chaud souffle du côté du désert; la chaleur s'accentue; on prend le costume d'été.

Le 10, nous sommes à la latitude du Sénégal.

Il y a trois siècles, saint François Xavier se rendant aux Indes, longeait comme nous ces mêmes côtes. Il entrevit le Sénégal comme un brouillard dans le lointain, et il pleura sur l'Afrique : « Pays infortuné, soupira-t-il, ton jour n'est pas encore venu, et je ne puis m'arrêter pour t'apprendre à aimer Dieu, mais un jour d'autres viendront t'annoncer la bonne nouvelle de Jésus-Christ ? » Les paroles prophétiques de l'apôtre nous ont été conservées par son historien : et, aujourd'hui, elles s'accomplissent. Le Sénégal a reçu des missionnaires et sur toutes les côtes de l'Afrique, la Croix est plantée.

13 *octobre.* — Hier, journée accablante et fort monotone. A l'horizon pas une voile, pas un rocher; sur la mer, pas une ondulation plus forte que l'autre, et pas un nuage au ciel. Vers la nuit, par habitude, je me suis étendu sur mon lit, mais au bout de quelques heures, n'y tenant plus, je monte sur le pont.

Aux tropiques que la nuit est belle! La lune dépouillée de cette lueur blafarde qui la caractérise en France, et dont se plaisent à l'habiller les littérateurs de collège, brille ici comme un disque pur d'argent : voilà comme, dans le pays de Judée, elle devait sans doute apparaître aux regards émerveillés des prophètes qui chantaient sa beauté virginale; autour de l'astre splendide, les planètes étincellent comme des facettes de diamant, et le ciel attire irrésistiblement les yeux.

On rapporte que Luther se promenait un soir avec sa compagne, et que celle-ci, ravie de la magnificence du firmament, s'écria : « Oh! que le ciel est beau! — Oui, murmura l'apostat, mais ce n'est pas pour nous. » Pauvre Luther, tu n'avais pourtant pas encore vu dans le ciel toutes les beautés que j'y vois.

VII. — **Une Mission catholique.**

Jeudi 16 octobre. — Terre ! Terre ! Tout le monde est sur le pont. Enfin la voilà, notre terre d'Afrique après laquelle nous avons tant de fois soupiré !

Nous sommes en présence de Freetown, la capitale de Sierra-Leone.

A mesure que le vaisseau nous entraîne, le paysage se dessine, ses reliefs et ses contours s'accentuent : de superbes montagnes couronnées de forêts se dressent devant nous ; et là-bas, à gauche, des plaines, des savanes, des bois, partout une végétation puissante : *Nigra sum, sed formosa...* Oh ! oui, l'Afrique est belle, malgré ses misères morales, malgré le dédain et l'abandon où l'on a si longtemps délaissé ses noirs habitants ! Malgré la perfidie du climat et la cruauté des bêtes sauvages qui en défendent l'accès, malgré le pouvoir du démon sur les indigènes déchus, l'Afrique est bien belle !

Mais que d'âmes à sauver, et à qui personne ne pense !

Le fleuve du salut qui a jailli du Calvaire, n'a pas encore coulé jusqu'ici ; ses flots se sont arrêtés au nord, ils ont été taris dans les sables du désert ou endigués par l'Islam. Mais quelle floraison divine nous allons obtenir, — nous ou nos arrière-neveux, — quand nous aurons fait sourdre enfin dans ce pays la source vive du Calvaire, et régularisé son cours : quelle floraison d'âmes chrétiennes !

Vous devinez avec quelle vive émotion je mis, pour la première fois, les pieds sur cette terre dont j'avais si souvent rêvé. Et nos cœurs, comme ils battaient fort, à mesure que nous approchions de la Mission catholique, — une pauvre case où, depuis trente-cinq ans, nos confrères travaillent à l'évangélisation de ce pays.

Au milieu de la ville se dresse fièrement et bien haut la cathédrale de l'évêque protestant, tandis que l'église catholique, toute petite et sans cloche, montre timidement sa croix au milieu des cases. Ce contraste ne vous rappelle-t-il pas le pharisien et le publicain de l'Evangile ?

Il y a un évêque protestant à Sierra-Leone, et des chanoines protestants, avec leurs chanoinesses, entourées de petits chanoi-nons, — espoir de l'avenir ! — et pour soutenir la concurrence, deux missionnaires du Saint-Cœur de Marie, un vieillard et un poitrinaire !

Il pleurait en nous serrant dans ses bras, le bon P. Blanchet, le vénérable fondateur de ce poste terrible que l'on a nommé avec raison le tombeau des Blancs. « Voilà, nous dit-il, trente-cinq ans que je suis là, et j'en compte soixante-quatre ! Voilà trente-cinq ans que je vois tomber à mes côtés les auxiliaires que l'on m'envoie... Cette année nous étions trois, l'un de mes confrères vient de rentrer en France avec une fièvre bilieuse dont il aura peine à se relever ; celui qui me reste est poitrinaire ; encore quelques mois et ce sera fini. Et moi, je me fais vieux, n'aurai-je donc personne pour me fermer les yeux ?... »

Nous trouvâmes notre poitrinaire au parloir, où il faisait le caté-chisme aux adultes. « Oh ! s'écrie-t-il, soyez les bienvenus ! Combien êtes-vous ! deux, quatre,... six,... sept !... Y a-t-il quelqu'un pour partager notre besogne ? » J'eus le cœur brisé : « Hélas ! personne ! » — « Mais viendra-t-il quelqu'un ? ici les protestants font des progrès effrayants ; nous ne suffisons pas ! » — « Il n'y a pas assez de monde, il n'y a pas d'ouvriers, vous n'aurez personne cette année ! »

Le P. Blanchet nous fit visiter sa maison, son église ; puis il nous conduisit chez les Religieuses dont nous suffisions à remplir le tout petit parloir. Bientôt sept femmes défilèrent devant nous : visages pâles, amaigris, exténués par la souffrance, où paraissait cependant une expression indéfinissable de bonheur et de paix. Il y a un mois, trois d'entre elles servaient d'infirmières aux quatre autres, qui luttaient contre les ardeurs de la fièvre jaune. — « Cette époque a dû vous être bien pénible ? » dis-je à la Supérieure. — « Bah ! répondit-elle en riant, nous y sommes habituées ; c'est notre manière à nous de convertir les âmes ; et puis, c'est plus économique d'user des draps que des robes... »

VIII. — La journée à bord.

Vendredi 16 *octobre*. — Hier, à deux heures de l'après-midi, nous quittions Sierra-Leone et le P. Blanchet. La nuit a été orageuse, le roulis et le tangage ont tout fait pour nous bercer magistralement. Une pluie torrentielle a lavé le pont toute la nuit : on eût dit une nappe d'eau qui tombait du ciel. Mais ici les transitions sont brusques ; à peine a-t-il cessé de pleuvoir que tout est déjà sec ; et dès le matin nous pouvons commencer notre journée, sans rien changer à nos habitudes.

Une journée à bord, est chose fort prosaïque et bien monotone : toujours les mêmes vagues, toujours les mêmes figures, toujours le même air, toujours le même horizon. Dès qu'un marsouin montre l'échine, tout le monde est en émoi ; tout le monde penché sur les bastingages attend avec anxiété qu'il plaise à sa majesté de se montrer encore ; et lorsque enfin il n'est plus visible à l'œil nu, on se passe les lunettes d'approche, on regarde, on cause, on rit, tant qu'il demeure à l'horizon. Puis chacun reprend sa place, se croise les jambes et les bras, ferme l'œil, et laisse courir les flots et les heures jusqu'au signal du repas. A d'autres moments, c'est une voile, un oiseau, un nuage, pris tout d'abord pour une île lointaine, qui captivent l'attention de tous ; mais toujours le dénouement est le même ; et, les jours se suivent et se ressemblent.

Nous autres, du moins, nous formons une petite société, nous causons un peu plus que les autres ; nous faisons plus de bruit qu'eux ; et surtout nous rions plus que n'importe quel Anglais. Nous chantons même parfois.

Dès le matin, nous disons la Messe, si le temps le permet ; chacun fait sa prière, sa méditation, dit son Bréviaire ; et, à neuf heures, nous nous retrouvons au déjeuner. Après cela, tout le monde gagne le pont ; chacun met à contribution les histoires qu'il connaît et les chansons qu'il sait, pour égayer le parterre. Ceux qui veulent dormir se mettent à l'écart, le réglementaire se charge de les éveiller pour l'examen particulier. Le lunch a lieu à deux heures ; et, un quart d'heure avant, nous faisons notre examen, nous récitons en commun les litanies du Saint Nom de Jésus, et, le soir, avant le dîner, celles de la T. S. Vierge.

A huit heures du soir, c'est le beau moment de la journée, lorsque le temps est calme, et que la mer murmure doucement autour de nous, — murmure mystérieux des flots qui semble une prière ; — alors nous prions aussi, et nous admirons la beauté du ciel émaillé d'étoiles ; nos cœurs montent vers Celui à qui l'Ecriture a comparé l'océan, et nous chantons l'hymne de Marie, *Etoile des mers, protectrice des voyageurs* et *reine des apôtres*.

Ainsi s'écoulent à bord toutes nos journées ; ainsi se fait avec joie notre voyage pour obéir à la voix de Celui qui a dit à notre âme : *Audi, filia, et vide ; et inclina aurem tuam, et obliviscere populum tuum et domum patris tui...* Il nous conduit comme par la main vers un pays qui désormais sera le nôtre, vers un peuple qui ne nous connaît pas mais que nous aimons, vers des hommes dégradés, hideux, repoussants, que nous instruirons, que nous traiterons comme nos enfants, et à qui nous apprendrons des choses,... que Platon n'a pas connues et que le monde n'enseigne pas.

IX. — Choses d'Afrique.

Samedi, 17 octobre. — En étudiant la carte de l'Afrique, une chose m'avait souvent frappé : j'étais surpris de la multitude de noms dont les géographes ont dentelé les côtes de ce vaste pays; et ce qui me surprend encore bien davantage aujourd'hui, c'est de constater qu'ils sont loin d'avoir indiqué toutes les villes importantes.

J'ai dit les *villes,* et en les qualifiant ainsi, je n'exagère pas leur importance. Franchissez ce rideau de verdure qui borde la mer, faites quelques pas, et vous serez entouré, admiré et proclamé par des milliers d'indigènes, qui viendront de la façon la plus indiscrète vous barrer le passage, afin de mieux vous voir. Si vous avancez, vous trouverez les pagodes où les Mgangas sacrifient aux fétiches, et déposent devant leurs divinités des régimes de bananes, du riz, du vin de palme et un verre. Plus loin, des cases plus spacieuses, plus élevées et plus belles que les habitations communes, vous rappellent les halles de votre pays; et si vous désirez une scène de poissonnières transplantées en Afrique, attendez le marché, et vous verrez qu'ici comme ailleurs, les femmes savent crier et se prendre aux cheveux.

Le village en présence duquel nous nous arrêtons a cinq ou six mille habitants; et tout au long de la côte africaine, il y en a beaucoup d'autres qui ont la même importance.

A notre arrivée, on voit se détacher de tous les points de la côte, une foule de pirogues; et les cris que nous entendons nous annoncent des gens pour le moins aussi sauvages que leur cité. Ils arrivent, pagayant par-ci, pagayant par là, hurlant à qui mieux mieux, assis dans leurs longues pirogues qu'ils font voler sur les flots. On pourrait en compter plus de cinquante; et toutes sont chargées des fruits du pays, qu'ils échangent à bord contre des bouteilles vides, de vieux chapeaux à haute forme, et autres denrées de même valeur. Je ne parle pas du costume; mais du moins tous ont un chapeau; ils y tiennent, car il leur sert à mettre leur pipe, leur tabac, quelquefois même leur ligne de pêche; c'est toute leur fortune, et ils s'en trouvent bien.

Aucun Européen ne s'est encore établi chez ces *Kroumen.*

Settra-Krou est la résidence de leur roi : on le dit très puissant; il porte barbe et se fait respecter.

Je n'ai pu obtenir aucun renseignement sur l'histoire de cette tribu, mais un Noir qui voyage à bord du *Biafra* pour se rendre au Congo, m'a appris sur leurs croyances religieuses des détails intéressants.

Jusqu'ici on n'a encore établi aucune mission chrétienne chez les Kroumen; mais il est évident que certaines pratiques qui sont en usage parmi eux, dérivent des instructions que les missionnaires, dans un autre âge, ont dû leur donner... Je tais toutes les diableries, toutes les superstitions grossières qu'à force de questions j'ai pu lui arracher, et je conserve l'ensemble des traits qui ont quelque rapport avec le christianisme. — « Père, m'a-t-il dit, je m'appelle David, et j'ai appris à parler comme les Blancs, en travaillant pour les Blancs; mais moi pas gagné tête, et tous les Noirs être fous. Je connais Dieu; les Blancs et les Noirs sont ses fils; et lui, Dieu, un jour, a fait un grand arbre sous lequel il a convoqué ses enfants Blancs et Noirs, tout le monde, pour un grand dîner. Alors le Blanc a pris une chaise, un couteau et une fourchette, et a mangé comme Dieu; mais le Noir, avant de venir, avait bu du vin de palme, et il s'assit par terre, et il mangeait avec ses doigts comme un macaque. Alors Dieu pas content, et le Noir fini perdre la tête; et maintenant les Noirs sont fous, je te dis qu'ils sont fous. Vous, Blancs, faire des livres, écrire et lire comme Dieu; les Noirs ne savent rien. Vous, faire des navires et les conduire loin, à droite, à gauche, comme vous voulez; les Noirs venir aussi sur les navires, mais pas connaître les chemins de la grande eau, et les navires pas obéir aux Noirs. — Cependant Dieu aime les Noirs; et tous les matins, le Kroumen, après avoir lavé sa bouche et tout son corps, s'asseoit sur ses talons et parle avec son Père Dieu... Père, ma bouche est fermée, aucun Blanc pas savoir les paroles du Kroumen à Dieu. J'ai dit tout, j'ai fini de parler, je te dis que j'ai parlé. »

Je glissai trois pences dans les mains de mon ami David. Je tenais à savoir le reste: « Tiens, lui dis-je, achète avec cela un morceau de viande pour mettre dans ton riz; mais tu n'as pas tout dit. Le Père est l'ami du bon Dieu, et il faut que tu lui dises tout. » — « C'est vrai, dit-il, j'ai été malade au Gabon, et j'ai vu la maison des Pères, elle est « b... » jolie, et les Pères m'ont dit: « Mon fils, si tu as faim, voilà du manioc, voilà de la viande; mon fils, repose-toi et dors tranquille. Mon fils, pendant que tu seras malade, reste chez nous... — Ah! ils font bien, les Pères, ils font bien, bien !!! »

Et il faisait clapper sa langue.

— Mais que dis-tu au bon Dieu, le matin, assis sur tes talons?

— Père, je lui parle en la langue des Kroumen; mais je te dirai dans ta langue ce que la mère apprend à nos petits, pour parler à Dieu, après avoir lavé la bouche, assis sur les talons; Père, je lui dis: « Mon Dieu, moi un pauvre garçon, pardonne-moi, donne-moi de l'eau, laisse-moi tranquille, fais-moi gagner de l'argent, il faut travailler. Mais quand moi fini gagner, vieux; quand mes enfants pouvoir plus mettre de riz dans ma bouche, bon Dieu, tire-moi en haut. J'ai dit. Puis lorsque le Noir fini gagner la mort, le grand Mganga le fait partir et lui dit: — Si tu as bien fait, va-t-en là-haut; si tu as mal fait, descends dans le feu qui brûle; et puis c'est fini... »

Après deux heures de halte, — deux heures de charivari, — pendant lesquelles nous avons embarqué deux cent cinquante Kroumen pour M. de Brazza, nous continuons notre route en longeant les côtes.

De loin en loin, on voit d'épais nuages de fumée qui s'élèvent et s'allongent au-dessus des grands bois : c'est l'époque de l'incendie des forêts, ou plutôt, comme on le dirait en France, de la taille des arbres. Lorsqu'une tribu veut déblayer un terrain, elle met le feu aux broussailles; la flamme s'élève, se communique, parcourt les forêts; quelques grands arbres résistent seuls à l'incendie. Ces baliveaux survivent pour donner de l'ombre au voyageur, ou pour abriter la case qui s'élèvera sous leur feuillage renouvelé; puis, dans quelques mois, lorsque les herbes auront poussé, que les broussailles auront grandi, et que les bêtes féroces deviendront par trop gênantes, on renouvellera encore la taille des arbres : il en restera toujours assez : la végétation africaine est inépuisable.

Dimanche, 18 octobre. — Saluons avec respect le *Cap des Palmes !*

Le Cap des Palmes, — ainsi appelé, je pense, parce qu'il n'est guère boisé que de palmiers, — n'a rien de remarquable, ni par son aspect, ni par sa grandeur; mais tout missionnaire du *Saint-Esprit* et du *Saint-Cœur de Marie* qui passera au cap des Palmes, le saluera avec émotion et le cœur rempli de pieux souvenirs.

Il y a quarante-deux ans, lorsque notre chère Congrégation sortait à peine de son berceau et ne comptait encore que quelques membres, son fondateur, le Vénérable Père Liberman, après avoir une dernière fois béni ses premiers missionnaires, les envoyait, au nom de Jésus-Christ, annoncer l'Evangile aux Noirs de l'Afrique, alors plus délaissés que jamais. Ils étaient sept : ils abordèrent ici le 29 novembre 1843; et, quelques mois plus tard, cinq tombes avaient été déjà creusées pour eux (1).

Salut au Cap des Palmes, terre bénie et sanctifiée par la mort de nos Pères, nom prédestiné pour recevoir la tombe de nos premiers apôtres.

19-21 octobre. — Notre petit club a perdu sa gaîté.

Impossible de dormir dans les cabines : le soleil est brûlant. Si on ouvre les sabords, il y a courant d'air; si on les ferme, on étouffe.

Impossible de dormir sur le pont, où le roulis vous balance dans une oscillation sans fin : pendant le jour, les mouchoirs ne suffisent pas pour essuyer la sueur; la nuit, on craint les refroidissements...

Mais rien de tout cela n'empêche que je me porte à merveille. A chaque instant, j'entends dire que l'un ou l'autre a le mal de mer;

(1) Cf. *Vie du V. P. Liberman,* par Dom PITRA.

c'est un mal que je ne connais que pour avoir vu la piteuse mine de ceux qui en souffrent.

Je sens que les prières de ma bonne et sainte mère forment autour de moi une atmosphère bienfaisante et une toute puissante sauvegarde (1).

Jeudi, 22 octobre. Vendredi, 23 octobre. — On voit se dessiner à l'horizon une ligne de grands arbres cà et là interrompue : ce sont les bouches du Niger. Ce fleuve n'est pas le plus grand de l'Afrique, mais il en est, avec le Congo, la principale artère commerciale. En sortant du Sénégal où il prend sa source, il décrit sur la carte africaine une courbe immense ; enfin, après avoir longuement promené ses flots et ses navigateurs à travers des régions montagneuses, des cités inconnues et des déserts inhospitaliers, il descend vers le golfe de Guinée, où il se déverse dans la mer par une infinité d'embouchures.

Samedi 24. — Grande représentation avec l'orchestre d'un orage tropical. Souvent j'avais entendu parler du tonnerre des pays chauds ; mais pour en avoir une idée, il faut l'avoir entendu. Ce qui effraie, ce n'est pas le coup sec du tonnerre, c'est l'écho. Le ciel est en feu, frissonnant aux longs éclairs qui le déchirent sans interruption ; et par intervalles, un craquement sourd, faible, prolongé se fait dans la nue ; ça n'a l'air de rien ; on croit que tout est passé, lorsque tout à coup une répercussion puissante, cinq ou dix fois répétée, roule et gronde en crescendo dans la forêt : c'est très beau.

L'écho même de notre coup de canon reproduit ce curieux phénomène, et c'est avec une certaine impatience que nous attendons les escales du *Biafra* en présence des factoreries, pour jouir de cette représentation.

X. — Une cour africaine.

Le dimanche 25 octobre, nous entrons dans le petit golfe au fond duquel s'épanouit Old-Calabar ou Dukstown.

Sur les deux rives du fleuve, descend dans les eaux une forêt de palétuviers, arbres géants, qui suspendent à leurs branches des

(1) Celle dont le souvenir aimé revient si souvent dans les lettres du missionnaire, ne les lira jamais....

> D'ailleurs en parcourant chaque feuille légère,
> Ses yeux n'y trouveraient qu'une langue étrangère,
> Elle qui n'a rien vu que ses champs, ses taillis,
> Et parle seulement la langue du pays.

tissus de lianes fleuries, et récèlent parmi leurs racines d'énormes crocodiles. Dans cette épaisse végétation, les arbres s'emmêlent et se combattent pour s'élever et pour dominer : c'est la lutte pour la vie. Quelques palmiers cependant parviennent à s'y faire jour : çà et là on voit émerger leur panache sombre à côté du vert éclatant de la fougère africaine.

Nulle part la Nature n'a prodigué, avec une libéralité aussi exubérante, ses teintes les plus fines, nuancées à l'infini ; et nulle part on ne trouve au milieu d'une flore plus riche une faune plus malfaisante. Il n'est donc pas un seul paradis terrestre, où ne se glissent toujours les pires ennemis de l'homme !...

Pourtant il existe dans ces forêts un hôte que je veux saluer ; c'est aux bords du Niger que le *Pélican* demeure. Souvent on le voit planer dans les airs, les ailes toutes grandes ; ou bien, assis au sommet d'une roche, pêcheur mélancolique et solitaire, il attend la proie qu'il partagera à ses petits. Salut au pélican : c'est l'emblème de Jésus qui se sacrifie ; qu'il soit aussi le symbole de ma vie apostolique ; et plaise à Dieu que la patrie du pélican devienne un jour, le pays de l'Eucharistie.

Le roi d'Old-Calabar est venu à bord, entouré d'un cortège nombreux. Sa Majesté baragouine quelques mots d'anglais, et sait lire l'écriture imprimée : ce qui lui donne dans son pays une supériorité intellectuelle incontestable. Le Louvre qu'elle s'est laissé construire, au milieu des cases de ses sujets, est le fier symbole de cette supériorité ; coût : 5000 livres sterling (125,000 francs).

Aux jours de gala et de grande représentation, le roi se met en tenue européenne ; mais les officiers de sa cour ont conservé le costume indigène, qui n'a guère varié depuis le paradis terrestre.

Lundi 26 *octobre.* — Le capitaine nous propose de visiter la ville ; il met à notre disposition une de ses chaloupes ; et, au bout de dix minutes, nous faisons notre première entrée dans une cité vraiment africaine.

.... Les rues ont gardé les mêmes inégalités de terrain qui s'y trouvaient à l'origine : ici une ravine qu'il faut sauter, là un tertre qu'on enjambe comme on peut ; partout la nature telle que le bon Dieu l'a faite. L'herbe seule a disparu, pour laisser place aux immondices qui s'étalent partout.

Toutes les cases sont contiguës ; elles entourent de grandes et belles cours intérieures où les femmes font la cuisine et font le commérage... Ça cause bien les femmes ! Quant aux hommes, ils ne parlent qu'aux hommes, et ils ont l'air un peu taciturne ; couchés sous leur *véranda* ou appuyés sur leur carabine, ils regardent jouer les enfants qui, eux, font grand bruit, se chamaillent et se battent !

Saint-Pierre de Libreville. (Vue prise de la plage.)

3

Devant chaque porte, on remarque le fétiche tutélaire de la maison; c'est ordinairement quelque vieux tronc d'arbre, une bûche drapée de quelque chiffon, filet ou mouchoir, qui n'arrive là qu'après avoir servi de culotte à plusieurs générations.

A l'intérieur, se trouvent les dieux lares, des crânes d'animaux, des ossements humains, des choses abominables, auxquels on sacrifie souvent et que l'on invoque chaque jour. Mais, outre ces fétiches, communs à la famille, chacun porte au cou, aux bras, à la ceinture et même aux pieds, des amulettes et des gris-gris de toute sorte.

C'est jour de foire aujourd'hui. Dans les rues fourmille une multitude de femmes et d'hommes, chacun portant sur le dos ou sur la tête des denrées, des fruits, des nattes, des calebasses.

Une indéfinissable odeur, faite de toutes les odeurs de la création, sort de partout et nous écœure.

Nous nous hasardons pourtant jusque sur la grande place: la fourmilière humaine, de plus en plus dense, y présente une agitation extraordinaire; mais tout ce monde, par un respect instinctif, s'écarte pour nous livrer passage; une pauvre enfant épouvantée à notre vue s'enfuit à reculons et va tomber dans un buisson où elle se fourre et se roule de manière à voir sans être vue.

Tout ce monde nous regarde de la bouche et des yeux, sans toutefois interrompre les débats du marché.

Le commerce consiste en des échanges; chacun étale sa marchandise, pipes, sculptures, bouteilles d'alougou (eau-de-vie), et puis on discute en huchant à tue-tête. J'en suis sorti, abasourdi par le vacarme et quasi étouffé par l'atmosphère infecte....

Il y a une colline tout auprès: pour nous rendre compte de l'aspect du pays, nous montons sur la colline où nos poumons aspirent enfin un air pur, et nous contemplons à notre aise l'incomparable panorama qui se déroule devant nos yeux. — Partout une végétation luxuriante; partout une verdure émaillée de fleurs et couronnée de fruits. Pas un pouce de terrain cultivé, pas un pouce de terrain perdu! A chaque pas, nous foulons aux pieds la *sensitive;* cette fleur si délicate, qu'on n'obtient ailleurs qu'à force de soins, pousse vigoureusement ici, sans culture, au hasard, pêle-mêle avec de mauvaises herbes qui, dans les jardins d'Europe, seraient des curiosités et des ornements.

Les oranges de Calabar sont estimées les meilleures d'Afrique, avec celles de Porto-Novo. Pour une paire de pendants d'oreilles et une glace d'un sou, nous en avons acheté cent quarante; et le vendeur, voyant dans la glace son grand nez épaté, souriait tout seul, croyant avoir fait une fortune. Nos pauvres Noirs ne connaissent pas encore cet air rechigné des marchands d'Europe, qui n'acceptent jamais votre argent sans avoir l'air de dire : « Vous me ruinez ! »

En repassant par la ville, nous avons voulu faire une visite au roi. En mettant en commun nos connaissances, nous saurons autant d'anglais que Sa Majesté ; et puis, il faut voir son fameux palais. Nous traversons un dédale inextricable de rues, de ruelles, de cases, de cours, au milieu d'une foule émerveillée, qui crie au miracle ! Çà et là, de vieux canons rouillés qui ne servent plus ; devant les cases, des coutelas, des flèches, des carabines... qui ont l'air de servir plus souvent. — Nous avançons : la foule qui avance avec nous, admire et crie toujours. Nos cordons attirent surtout l'attention... Une petite vieille, plus hardie ou plus intrépide que les autres, se hasarde à toucher le mien. — « Hein, bonne femme, qu'est-ce que tu fais-là ? » Elle me regarde, je lui jette une image, et voilà tout le monde de se précipiter pour voir... La bonne femme part comme flèche ; tout le monde la suit pour voir l'image, et nous restons seuls. Notre guide nous introduit alors dans une cour qui peut mesurer 10 mètres carrés ; une dizaine de chèvres s'y pro-mènent et folàtrent à leur aise. Ces capricieuses dames semblent être adorées ici, car dans toutes les pagodes que nous avons visi-tées, on rencontre quelques chèvres et un tamtam.

Le palais royal devait être beau le jour où il coûta 5,000 livres ; mais, depuis ce jour-là, on a fait subir à l'édifice bien des transfor-mations, pour l'accommoder au goût et au style du pays.

Cependant le ministre du protocole nous fait monter sous la *véranda* du premier étage ; mais il nous déclare ceci : « Le roi est malade, il ne recevra peut-être pas. » Chacun prend place quand même, sur de vieux fauteuils que l'on nous invite à appeler sofas. Nous étions dans la salle du trône.

A notre suite, une chèvre a monté l'escalier, elle se poste devant nous et reste nous regarder ébahie, tandis qu'une bande d'enfants, rejetons de la famille royale, viennent se coucher à nos pieds.

Je commençais à trouver quelque charme au tableau, lorsqu'un laquais, revêtu d'une chemise, vint d'un air contrit nous dire que le grand *Kin-Duk Ephraïm, IXe du nom*, étant malade, nous ne pourrions pas le voir, mais qu'il nous permettait de visiter ses trésors. Par le même courrier, nous exprimons nos regrets de ne pouvoir être admis à une si noble audience, et nos vœux pour la prompte guérison du grand *Kin-Duk Ephraïm, IXe du nom.*

Au fond de la salle, il y avait deux trônes en bois doré, portant sur des coussins de velours deux sceptres de cuivre surmontés d'une couronne royale. A l'entour, des éventails, des glaces de deux mètres de hauteur, des tapis entassés dans un coin ; au plafond, trois lustres qui feraient bon effet dans une église ; des bas-reliefs, des copies de chefs-d'œuvre, une image d'Epinal représentant l'histoire de Robinson; plus loin, des plats ciselés, de l'or, de l'argent: rien n'y manque, sinon un crucifix et un peu de bon goût. Nous apprécions tout haut, nous admirons tout haut, et la visite est terminée.

Un jour, peut-être, reviendrons-nous encore au pays que gouverne le grand *Kin-Duk Ephraïm, IXe du nom.*

Lorsque les missionnaires seront devenus plus nombreux, notre évêque pourra envoyer des apôtres à ces pauvres tribus; et la croix s'élèvera de cette importante cité, où jamais encore jusqu'ici n'a retenti la parole de Dieu. Quant à nous, à l'heure présente, l'obéissance nous appelle à un autre poste, vers d'autres peuplades aussi abandonnées. — Hélas! notre vicariat est trois fois grand comme la France, et pour travailler ce vaste champ, il y a... vingt et un prêtres!

26 *octobre.* — Nous sommes toujours à Old-Calabar; mais il se passe sous nos yeux tant de scènes variées que c'est plaisir de prolonger ici notre séjour.

Nos Kroumen ne savent rien faire sans chanter. Dès quatre heures du matin, la chanson commence, — une chanson qui me rappelle singulièrement, par son allure franche, son rythme et sa mélodie, ce que nous chantions autrefois dans nos bonnes promenades de Sainte-Anne d'Auray:

> Je suis matelot sur terre et sur mer,
> Je suis matelot sur terre et sur l'eau.

Et cela dure jusqu'à neuf heures du soir.

Aujourd'hui dans la matinée, la chanson des pagayeurs nous avertit qu'un personnage important se dirige vers le *Biafra:* « Thaga... hein... hein... hein..... Crrrrrr... hein... hein... Thaga.... hip! hip! hip! oh! hip!... »

C'est Sa Majesté Kin-Duk... qui vient nous rendre notre visite.

Tous groupés sur le pont et le chapeau sur la tête, nous daignons attendre que Sa Majesté vienne jusqu'à nous. Elle apparaît enfin, suivie de plusieurs personnages dont j'ignore l'importance.

Le roi est superbe dans sa mise moitié orientale moitié africaine Une ample draperie, jetée sur ses épaules, retombe avec une certaine grâce jusqu'aux pieds; sa tête est cerclée d'une couronne cocardée de rouge.

Il nous donne, sans façon, de vigoureuses poignées de main, en nous assurant qu'il nous aime, et qu'il eût bien voulu nous accorder audience la veille; mais, ajoute-t-il en s'excusant, un mal de gorge le retenait au lit.

A notre tour, nous le félicitons de ses richesses, et nous parlons avec éloge de son *palais royal;* le mot le fit sourire de satisfaction. Enfin nous lui payons un coup de wisky, ce qui finit de le mettre en liesse.

Aussi, à son départ, il nous assure de nouveau que nous sommes ses meilleurs amis; ce dont, par politesse, nous tâchons d'avoir l'air tout à fait reconnaissant.

XI. — L'arrivée.

Nous touchons au terme de notre voyage.

Le 2 novembre, après avoir célébré la fête des Morts, nous sommes restés sur le pont du navire : devant nous, aussi loin que la vue s'étend sur la côte, se déroule une forêt sans fin : on dirait un liseré vert, ajusté en guise de bordure entre la plaine liquide et les montagnes qui ferment l'horizon. — Paysage enchanteur sous un soleil brûlant...

Enfin, le 3 novembre, après trente-quatre jours de navigation, nous voici en rade de Gabon. A peine a-t-on jeté l'ancre qu'une jolie baleinière se détache du rivage, montée par le procureur de la Mission, le R. P. Picarda, un Breton de Bretagne ! Sous la poussé de huit vigoureux rameurs, elle vole sur les flots; on nous accoste avec de joyeux saluts; et, en un clin d'œil, caisses, malles, valises, tout est emporté.

A la jetée, la marée étant trop basse, le canot ne peut pas aborder ; mais ceci n'embarrasse personne : les Noirs se jettent à l'eau; ils nous empoignent sur leurs épaules; et, comme on raconte que saint Christophe transporta le Sauveur du monde à travers les flots, ces pauvres gens soulèvent sur leur dos robuste et déposent sur le rivage de leur patrie déshéritée, les apôtres qui arrivent pour sauver leurs âmes.

Monseigneur Le Berre, — encore un Breton bretonnant, — nous attendait à l'entrée de la Mission : « Soyez les bienvenus, dit-il ; me voici à ma quarantième année d'Afrique ; allons voir le bon Dieu et lui demander qu'il vous en accorde autant. »

Mon cœur bat bien fort : dans ce pays qui sera désormais mon pays, tout est nouveau pour moi; les hommes, la végétation, le ciel, tout y sent l'étranger.

Mais, pourtant, qu'est-ce que j'aperçois ? Au-dessus de la porte, une petite statue se présente à mes yeux. Hé ! vive Dieu ! c'est l'image de notre bonne Mère sainte Anne ; je me croyais à mille lieues de la maison maternelle ; et, en arrivant ici, voici que je retrouve ma mère !

Le culte de sainte Anne est en effet déjà populaire au Gabon. Dans la direction de Libreville, sur la plus haute colline des environs, Monseigneur Le Berre, — touchant mémorial de la patrie absente, — a fait élever un monument en l'honneur de notre Patronne ; au piédestal de la statue, on trouve deux cartons portant les litanies qui se récitent en Bretagne ; et nos chrétiens, en passant par là, redisent tous les jours :

Sancta Anna, patrona Britonum, ora pro nobis.

Ah ! ils ont bien raison de vous invoquer, ô douce patronne des Bretons, car votre petit Séminaire de Sainte-Anne d'Auray leur a déjà envoyé un saint évêque et plusieurs prêtres ; et combien d'autres qui grandissent encore là-bas pour venir nous rejoindre ou prendre notre place !

Il ne manque plus, au Gabon, pour devenir une seconde Armorique, que d'avoir une belle église dédiée à sainte Anne.

La *statue*, nous la voudrions recevoir des professeurs et des élèves de Sainte-Anne d'Auray ; le *village*, nous le formerons avec nos chrétiens ; et la flèche de notre chapelle invitera de loin le matelot breton à saluer, sur la terre étrangère, la gardienne de son pays : cela s'appellera *Sainte-Anne*, tout comme en Bretagne.

Quel projet !... Et ce n'est pas un rêve : la station sera fondée dans quelques mois ; nous n'attendons, pour commencer, que la statue promise et les ressources. Le bon Dieu, infatigable pourvoyeur de tous ceux qui travaillent pour les âmes, ne manquera pas de nous les envoyer.

Plus tard, si le ciel me prête vie et santé, je recueillerai pour vous les documents qui intéressent le culte de *sainte Anne* au *Gabon :* aujourd'hui j'ai trop causé ; mais enfin je m'arrête, en vous priant de ne pas en vouloir au jeune missionnaire, s'il a passé quelques heures à rêver de son pays.

. . . .

Et maintenant, ô mon *Journal*, cher confident de mes rêveries, je te donne congé : — tu peux repartir et retourner en Bretagne ; moi je suis heureux d'être venu ici, et j'y reste,

Parve, nec invideo, sine me, Liber, ibis in Urbem (1).

Breton par droit de naissance, je veux devenir Africain par droit de conquête : que je vive ou que je meure, cela importe peu ; pourvu que ce soit pour la gloire de Dieu, ce sera sans regret.

(1) OVIDE : Lettres d'exil.

AU GABON

I

Le Gabon à vol d'oiseau

Lorsque les navires, quittant la haute mer, pénètrent dans l'estuaire du Gabon, le voyageur voit s'ouvrir devant lui un vaste et beau panorama.

A droite, c'est le pays de Denys, où quelques familles gabonnaires vivent encore en dehors du contact Européen; et, au delà, se prolonge sans fin la brousse inexplorée.

A gauche, au contraire, on ne tarde pas à découvrir sur un fond de verdure, de magnifiques constructions en pierres, dominées par la Croix, c'est la Mission de Sainte-Marie.

I. — SAINTE-MARIE

En 1845, quand le premier apôtre de la Guinée, le P. Bessieux, aborda ici, la Mission ne fut d'abord qu'une pauvre petite case en bambous, isolée, perdue au milieu des hautes herbes. Au bout de quelques années, la case primitive, trouvée insuffisante, fut reconstruite en planches, plus grande, mieux aérée, plus saine, — mais sans être plus confortable (1).

(1) Le *P. Bessieux* était le seul survivant des sept missionnaires qui avaient atterri en 1843, au cap des Palmes : il fut recueilli, errant sur les côtes d'Afrique, par l'amiral Bouët-Villaumez et amené par lui au Gabon.

L'année suivante, le *P. Le Berre* alla le rejoindre ; il a raconté lui-même ses premières impressions en arrivant sur ce coin de terre où la Providence le destinait à devenir évêque et à travailler quarante-cinq ans pour l'Eglise et pour la France.

« C'est le 15 août que le navire mouilla en rade de Libreville. Le P. Bessieux vint lui-même en pirogue nous prendre à bord. Il était pâle, défait, méconnaissable. A peine nous eût-il embrassés et questionnés sur notre vénérable Supérieur, le P. Libermann, et sur les confrères d'Europe, qu'il se mit à nous apprendre quelques mots de la langue mpongwé.

« A terre, notre première visite fut pour le divin Maître : il occupait la chambre du milieu de l'humble case en bois ; une caisse de genièvre, garnie à l'intérieur d'un morceau de toile blanche et fermée par une pierre plate, formait le tabernacle. un baril de petit salé recouvert d'un léger tissu, servait de trône à la Sainte Vierge. Une petite porte donnait entrée dans la chambre du P. Bessieux, qui, la nuit, pouvait ainsi apercevoir le tabernacle et dormir sous sa sainte garde...

« Le coffre-fort de la maison était une petite boite en fer blanc où il n'y avait, hélas ! qu'un sou, avec une image de l'Enfant-Jésus couché sur la paille, et cette inscription en grosses lettres : *Qui a Jésus a tout.* » (D'après Mgr Le Roy.)

A quelque distance, un drapeau tricolore, hissé au sommet d'un mât, indiquait à tout venant que la France avait là une colonie naissante ; et tout le monde, — Français et indigènes, — y voyait le signe sensible de la patrie catholique et française.

Nées le même jour, la mission et la colonie se sont développées ensemble ; et pour la France comme pour l'Eglise, le pays du Gabon est riche de promesses.

Mais aussi que de sacrifices il a provoqués, que de vies il a dévorées ! Dire ce que ses apôtres ont enduré de privations et de souffrances serait retracer une page douloureuse, qui a fait époque dans l'histoire de la Congrégation du Saint-Esprit et du Saint-Cœur-de-Marie. La mort frappa des Pères, des Frères, des Religieuses : le clos qui entourait la case des Missionnaires, se transforma en cimetière, on n'y voyait pousser que des croix, on n'y mettait en terre que des cadavres. Voilà sur quelle semence ont germé les missions, aujourd'hui si florissantes, qui font du Congo français une mission et une colonie pleines d'avenir.

Mgr Bessieux est le fondateur de la Mission des Deux-Guinées. Trente-deux ans il a vécu ici, témoin des premières souffrances, témoin aussi des premiers succès ; Dieu lui a permis d'attendre pour mourir que son œuvre fut assise sur des bases solides.

La pioche et la bêche en main, il prêchait d'exemple, — enseignant tour à tour, suivant la tradition apostolique, à travailler et à prier : — *Cruce et aratro.* C'est lui qui a défriché nos jardins et planté les longues avenues de cocotiers et de manguiers qui décorent aujourd'hui les abords de la Mission.

Pendant ce temps-là, un de ses collaborateurs, le R. P. Dupratz, faisait briser les pierres calcaires du rivage, construisait un four à chaux ; et peu à peu, on vit s'élever enfin sur ce coin de terre, naguère encore inculte et sauvage, une chapelle digne du Dieu des Français, elle fut achevée en 1864.

Aujourd'hui, elle est entourée de vastes bâtiments en pierres ; et de nombreux enfants, élèves et apprentis, y reçoivent tous les enseignements qui feront d'eux des auxiliaires utiles pour la Mission et pour la colonie.

II. — LIBREVILLE

Libreville est située à deux kilomètres de Sainte-Marie : c'est une vraie cité européenne.

A voir son débarcadère et sa jetée en pierres, — qui défient depuis trente ans la violence des vagues, — l'hôtel du Gouverneur, l'hôpital militaire et d'autres constructions encore dont le nombre augmente chaque jour, on serait tenté de se croire devant une de ces petites villes de France, qui se serrent autour d'un clocher sur les hauteurs, et puis se laissent descendre en pente douce jusqu'à la mer. Vraiment, avec ses longues avenues de cocotiers et de manguiers, ses factoreries blanches et proprettes, échelonnées le long du rivage ou sur les collines d'alentour, avec sa rade toujours tranquille, où s'abritent les navires de guerre et des voiliers de tout pays, et qui est animée par un va-et-vient continuel de baleinières et de pirogues, — Libreville est charmant.

Voulez-vous jouir d'un curieux coup d'œil et d'une scène pittoresque ? Hasardez une promenade à travers la cité africaine, à l'heure où le soleil est encore supportable, vers sept heures du matin...

Les Pahouins, courbés sous leur fardeau de manioc, les bras et les jambes entourés de bracelets de cuivre, les cheveux tressés en nattes et parsemés de coquillages, revêtus de leur malpropre *juemba,* courent de ci de là, reconnaissables partout à leur allure saccadée et à leur accent guttural. Les Boulous, aux habits déchirés, et les Bengas, hommes de mer, portant sur leurs épaules le traditionnel filet, flairent l'occasion de boire un coup d'*alougou* (eau-de-vie), tandis que le Gabonnais, coquettement habillé à l'européenne, fera lui aussi sa tournée pour montrer ses habits : celui-ci ne se retirera qu'après avoir constaté qu'il a été bien considéré ; et s'il possède un second costume dans sa garde-robe, on le reverra bientôt reparaître en costume nouveau ; enfin, lorsque toutes ses étoffes auront été suffisamment aérées, il fermera ses coffres, se drapera de quelque nippe, s'assiéra aux abords de sa case, ou bien s'en ira voir si ses amis ne sont pas encore partis pour l'autre monde.

A tout moment, on croise, on heurte une foule empressée, des Blancs et des Noirs, de toute nation et de toute couleur.

Dans cette foule bigarrée, on distingue tous les accents et tous les idiomes, toutefois c'est le français qui domine.

Saint Pierre est le patron de Libreville, et il devait l'être.

Un vaillant Breton, l'amiral Bouët-Wuillaumez, ayant réussi à délivrer un grand nombre d'esclaves originaires du Congo, les transporta sur ce coin de terre, et les établit ici, à l'abri du pavillon français.

Quelques cases s'y élevèrent aussitôt ; et les nouveaux affranchis, pour perpétuer la mémoire de ce bienfait, donnèrent à leur village le nom de Libreville.

Mais Mgr Bessieux rêvait pour eux d'une autre liberté.

— « L'œuvre n'est pas complète, disait-il souvent à l'amiral, l'œuvre n'est pas complète, il faudra mettre ces braves gens sous le patronage du prince des hommes libres. Saint Pierre a présidé

« à la régénération du monde, il ne refusera pas de prendre en main les intérêts de nos pauvres Noirs. »

Le saint évêque souriait alors de bonheur. Peut-être entrevoyait-il dans l'avenir le Libreville d'aujourd'hui, et songeait-il déjà à une belle église dédiée à saint Pierre, élevant au milieu du village chrétien la pointe de son clocher, et portant haut le signe béni de notre affranchissement. Hélas! il ne devait pas voir, ici-bas, les splendeurs du nouveau temple.

La magnifique église que le gouvernement français nous a construite, grâce aux démarches de l'amiral Mottez et à la bienveillance du commandant Dumont, n'a été commencée qu'en 1882.

C'est là, aux grands jours de fête, que nos chrétiens aiment à se réunir pour venir célébrer, dans toute leur splendeur, les belles cérémonies du culte catholique.

Dès le matin on entend, le long de la plage, les joyeux accords de la fanfare de Sainte-Marie : c'est le défilé des élèves et des apprentis qui montent vers Libreville en uniforme. Les cérémonies se font en grande pompe, et on y accourt de très loin.

Aussi, quand, au moment du Saint-Sacrifice, on s'arrête à contempler la multitude recueillie qui se presse dans l'enceinte de Saint-Pierre, on se croirait transporté sous d'autres cieux, dans quelque sanctuaire de l'autre monde, au milieu d'une population profondément et depuis longtemps chrétienne.

Hélas! nous n'avons sous les yeux qu'une chrétienté toute nouvelle et encore bien imparfaite. Toutefois, il est incontestable que la civilisation fait ici un grand progrès, grâce à la persévérance des ouvriers apostoliques, grâce aussi à la bienveillante protection que les gouverneurs de la colonie ne leur ont jamais marchandée.

Ce que nous faisons ici, d'autres confrères l'accomplissent sur d'autres points du vicariat : au Bénoué, sur le Niger ; à Bénito ; au cap Estérias ; à Saint-Paul de Donghila, sur le Como ; à Lambaréné, chez les Galloas ; et enfin au pays des Adoumas.

Mais qu'est-ce que cela en comparaison de ce qui reste à faire! Chaque année, les chefs du pays viennent trouver Mgr le Berre, avec les plus vives instances, pour obtenir des missionnaires. Hélas! le personnel est déjà trop restreint pour soutenir les œuvres entreprises ; les ressources nous manquent pour les entretenir, et pendant que les catholiques se font attendre ainsi, les protestants ne cessent de proposer leurs services et leur argent!

A côté de la Mission catholique, s'élève la Mission protestante; à côté de la cité française, la cité anglaise. Là-bas, sur les hauteurs de Glass, on entend sonner une cloche hérétique.

J. B.

II

Le Missionnaire des Noirs.

HÔPITAL ET VILLAGES. — LES JOURNÉES ET LES NUITS

Sainte-Marie, Décembre 1885.

Nous avons un hôpital à Sainte-Marie ; et c'est aux tristes victimes de la maladie et de la vieillesse, recueillies dans cet Hôtel-Dieu, que je consacre les prémices de mon ministère.

... Dernièrement l'un de mes infirmes me fait signe d'approcher : « Père, me dit-il, le bon Dieu m'a pris par les jambes ; je ne puis plus marcher ! et je viens d'apprendre que mon frère, qui demeure au pays des Pahouins, à dix lieues d'ici, se meurt ;... et il mourra païen ! que faire ? » — « Ecoute, Pierre, tu es riche, plus qu'il ne faut pour un homme qui s'apprête à mourir : paie deux hommes pour aller chercher ton frère. »

Deux jours après, le malade arrivait en pirogue ; et toute sa famille venait avec lui demander asile à la Mission. Le père prit place à l'hôpital ; la femme et les enfants trouvèrent une case au village ; aujourd'hui tout ce monde se fait instruire ; et c'est Pierre, celui que le bon Dieu a pris par les jambes et surtout par le cœur, qui leur enseigne le catéchisme.

. . . .

Janvier 1886.

L'autre jour, vers neuf heures du matin, — c'est le moment où le soleil devient brûlant, — je vois monter chez moi un brave homme dont la figure ne m'était pas encore connue. Il entre, il s'assied, me demande de mes nouvelles dans un baragouin où il y avait du mpongwé, du boulou, du français, voire même quelque ressouvenir du latin. Il m'assure que son village s'appelle Aclyba et qu'il en arrive avec un compagnon — son âne — etc., etc. Enfin, au bout de cinq minutes, il me dit *bonjour,* m'annonce qu'il est venu me voir, que son frère est bien malade, qu'il a vendu son âne, et qu'il désire que j'aille baptiser son frère.

— Très bien, mais ton village est-il bien éloigné ?

— Père, il est éloigné..., pour marcher un peu...

— Eh ! bien, partons. »

Adolphe (il s'appelait Adolphe) marchait devant, en chantant et en pleurant ; ici pleurer et chanter, c'est tout un. Il fallut marcher longtemps sur le bord de la mer, et sauter bien des ruisseaux ! — « Ah ! disait Adolphe, tu dois être un bon chasseur, tu

trottes mieux qu'un Noir, mieux qu'un Noir et mieux que bien des
Blancs. Comment t'appelles-tu ? — Je m'appelle Buléon. — Comment ? — Buléon. — Ton nom est beau, mais je ne le sais pas
encore, il ressemble à Giron,... Giron, oui, tu es grand comme le
P. Giron, et tu as une barbe comme le P. Augouard... Je connais
le P. Augouard, il marche vite et toi aussi, il parle fort et tu as une
voix comme lui, mais j'ai oublié ton nom. › Je dus le répéter ; et
le brave Adolphe se serait fatigué la mâchoire à vouloir m'appeler
galamment par mon nom, — sa langue aussi bien que sa mémoire
étant absolument réfractaire à ces articulations, — si d'autres
embarras n'avaient détourné notre attention.

Nous étions en pleine forêt, obligés à tout instant de sauter à droite,
à gauche, pour éviter les mares d'eau ; mais cette fois, nous nous
trouvions en présence de toute une plaine inondée. Sans plus de façon,
je m'installe sur les épaules de mon guide, qui trouva dans ce nouveau genre d'équitation matière aux réflexions les plus saugrenues.—
Ah ! çà, mon Père, me dit-il enfin, est-ce que dans le ciel les saints
seront lourds ? — On dit que non. — Alors tu n'y es pas encore !...
A ce propos, ne pourrais-tu pas dire au bon Dieu de me mettre à
côté de toi ? j'aime autant cela que d'aller en enfer. — Est-ce que tu
as peur d'aller en enfer ? — Hum ! ce qui est sûr c'est que je tiens
à aller en paradis.

Sur ces entrefaites nous arrivâmes au village.

De tous côtés, on n'entendait que chants funèbres et cris : la
case du moribond était remplie de femmes et d'enfants ; et tout ce
monde faisait un tintamare à rendre malade l'homme le mieux
portant. Le malade était à toute extrémité. On l'avait déjà préparé
au baptême ; je m'empressai de verser sur son front l'eau du baptême, et je l'appelai « Julien » du nom de mon père : quelques
heures après son âme s'envolait au ciel...

.   .   .   .

Février 1886.

A Sainte-Marie du Gabon on ne s'ennuie pas. Un nombreux
orphelinat, une légion d'apprentis, un hôpital où se donnent
rendez-vous toutes les infirmités humaines, des villages à visiter
aussi loin que les jambes permettent de courir : voilà de quoi
chasser la nostalgie, si l'on avait quelque tendance à rêver comme
Ulysse au plaisir de revoir la cheminée de son village natal.

Le travail surabonde, car vous devinez bien avec quelle vigueur
les mauvaises herbes doivent pousser ici, sur un sol qui a été si
longtemps ensemencé par le démon.

Aussi je passe tour à tour par les fonctions les plus diverses,
tout comme maître Jacques, valet de ci-devant Harpagon et son
factotum.

En me levant, je suis directeur de l'hôpital. A dix heures, je deviens professeur de latin des petits séminaristes indigènes. Le soir, je suis missionnaire chargé de courir le pays à la recherche des malades ou des enfants non baptisés : je vais à domicile inviter messieurs les sauvages à venir, le dimanche, honorer le bon Dieu de leur visite, et apprendre quelques mots de catéchisme. Dans les intervalles libres, je sers de secrétaire à Monseigneur, ou je fais la classe de musique vocale aux marmots.

Après une pareille journée (après de pareilles journées ! car toutes se ressemblent), on devrait pouvoir ajouter que, la nuit, on dort comme une marmotte, jusqu'à cinq heures du matin. Mais le malheur est que le climat du Gabon, outre qu'il est très chaud, est très énervant. Le soleil, à l'Equateur, chauffe moins qu'en d'autres régions ; mais il y est traître et insupportable ; après avoir passé la journée dans un *bain de sueur* dont on ne se fait pas idée en France, on arrive à la nuit sans trop sentir le besoin du repos, même après les fatigues d'une excursion lointaine, car les nerfs sont dans un état de surexcitation permanente ! Mais que l'on se couche, et à l'instant tout se détend, le corps devient inerte, la tête lourde, et l'on demeure ainsi dans une sorte d'anéantissement pendant lequel on souffre beaucoup plus que pendant le jour. D'autre part, la peau détrempée par une transpiration trop abondante est devenue sensible à l'excès, et exige des changements continuels de position ; cela dure jusqu'à ce que l'heure du travail sonne de nouveau et invite le Missionnaire à s'oublier lui-même pour ne penser qu'aux autres.

Voilà en raccourci la vie du missionnaire, au demeurant le plus heureux des hommes.

J. B.

III

La conversion de la race nègre.

Sainte-Marie du Gabon, février 188?.

.... Tous les postes de notre Vicariat sont établis au bord de la mer, ou sur le cours des grands fleuves. Depuis quelques années pourtant certains missionnaires ont tenté un mouvement vers le centre ; la tentative est hardie, mais téméraire : elle avortera nécessairement. Mgr Le Berre, qui est aujourd'hui le plus ancien missionnaire d'Afrique, qui est au milieu des Noirs depuis quarante ans, qui les connaît et qui les aime, Mgr Le Berre, se basant sur l'expérience de dix-huit siècles de tentatives, sur le tempérament de la race nègre et sur des observations personnelles continuées durant un long apostolat, ne craint pas d'avouer que jamais l'*Afrique des Noirs* ne sera chrétienne.

L'Afrique est un des premiers pays où l'Evangile ait été prêché ; et aucune terre n'a été arrosée de sang par un plus grand nombre de martyrs. Tous les ordres religieux, dans tous les temps, ont essayé d'y planter la Croix, sur tous les points qui semblaient assurer de bons résultats ; tôt ou tard, il a fallu reculer et abandonner la place : c'est un fait.

La population africaine est dans un mouvement perpétuel du centre à la côte et de la côte au centre. Qu'on établisse au bord de la mer et sur le cours des grands fleuves, une ligne ininterrompue de stations catholiques ; peut-être leur influence, au bout de quelques siècles, parviendrait à faire rayonner sur l'Afrique une sorte d'atmosphère chrétienne. Mais prétendre semer en passant, chez les Noirs, un christianisme qui réforme les mœurs et qui dure ; ou encore, vouloir dès le premier jour s'installer dans le centre, au milieu de populations nomades qui n'ont qu'une défiance excessive pour les Blancs ; quelle utopie !

D'ailleurs, qu'est-ce que le Nègre ? Ce n'est pas un barbare, c'est un sauvage fatalement condamné à vivre au dernier degré de l'échelle sociale, ingrat, égoïste, menteur, méchant, malpropre ; mis en rapport avec l'Européen, il ne lui emprunte que ses vices ; il devient orgueilleux, arrogant, prétentieux, etc...

De cette race peut sortir, par aventure, un esprit supérieur ; sous l'influence d'une société bien polie, et avec l'appui des Blancs, elle peut former une ombre de gouvernement régulier ; mais tout ce que nous avons vu jusqu'ici n'a été ni sérieux ni durable. Au contact de la civilisation, le barbare se transforme, mais le sauvage disparaît. L'Islam peut en faire un bon mahométan, jamais l'Eglise n'en fera qu'un chrétien de surface. Aussi les missionnaires arabes avancent-ils en Afrique comme une trainée de poudre, laissant après eux des peuplades fanatisées et devenues inaccessibles pour nous, tandis que les catholiques essaient vainement d'établir des institutions durables (1).

Faut-il donc abandonner ce peuple ? Oh ! pas du tout. C'est un frère déchu, mais il n'a pas cessé d'être notre frère ; s'il a été

---

(1) Ces appréciations ne sont pas dues aux observations personnelles du P. Buléon. Quand il écrivait ces lignes, — quelques mois après son arrivée, — il ne pouvait encore être que l'écho de vieux missionnaires, pessimistes par tempérament ou découragés par l'insuccès apparent de leur apostolat au milieu d'une population dégénérée. A mesure qu'il a pu juger par lui-même, une évolution s'est opérée, comme on le verra, dans ses opinions. Depuis qu'il a vécu parmi des peuplades que la corruption des Blancs n'a pas dépravées, et qu'il a constaté leurs qualités natives, il est de plus en plus convaincu que la race noire n'est pas réfractaire à la civilisation ; mais elle ne sera civilisée que par l'Eglise, seule capable de comprendre tous ses besoins, de s'accommoder à toutes ses faiblesses, de respecter tous ses droits, et d'attendre avec patience pendant des siècles l'épanouissement de son développement normal. — Lisez, dans la deuxième partie, p. 123, la conclusion de M. Le Garrec sur la *rencontre de deux civilisations*.

maudit en *Caïn* ou en Cham, cette malédiction ne s'étend pas nécessairement à la vie éternelle ; il n'aura point sa part au banquet de la Civilisation, mais Jésus l'a convié comme ses frères au banquet de la Foi. La race nègre vieillira dans une perpétuelle enfance ; mais dans une famille chrétienne, ce sont justement les pauvres innocents, déshérités par la nature, qui reçoivent d'une main dévouée les soins les plus tendres.

Je suis un des élus à qui Dieu a confié la mission d'évangéliser ces pauvres : ma nature s'effraie bien un peu devant une pareille tâche, mais *A Dieu vat !* Dieu l'a voulu. Et puis, n'ai-je pas rencontré notre bonne mère sainte Anne en arrivant ici ? Sa vue suffit à nous donner du cœur...

J. B.

IV

Le culte et la statue de sainte Anne au Gabon.

A Monsieur le Supérieur de Sainte-Anne d'Auray : 18 mars 1886.

Le jour où un grand monastère trouve son enceinte trop étroite et son champ d'action trop limité, il envoie choisir quelque part un site favorable et fonder une colonie ; bientôt une maison nouvelle est créée où les religieux se multiplient ; l'Ordre se dilate, et le bon Dieu est plus glorifié.

La Bretagne, — qui est la métropole du culte de sainte Anne, — essaime aussi dans toutes les parties du monde des colonies de missionnaires (1) ; or quand un prêtre breton arrive quelque part, on peut être sûr qu'il prêchera sainte Anne, la douce aïeule de Jésus faisant partie essentielle de sa religion.

Déjà en Haïti, à Ceylan, au Mackenzie, — providentiellement devenus le rendez-vous de nos compatriotes, — ce culte prend des proportions d'un culte national. Et c'est mon rêve de la faire honorer encore plus sur la côte du Gabon.

La reine du pays breton, que nous aimons à nous représenter au ciel, drapée de son manteau d'or, telle qu'on la vénère à Sainte-Anne d'Auray, voit monter vers son trône de nouveaux enfants de toute couleur et de toute race, que ses missionnaires lui envoient des pays les plus divers : *Astitit Regina in vestitu deaurato, circumdata varietate.*

Aussi quelle a été ma joie en apprenant que mes anciens condis-

---

(1) La première colonie de sainte Anne d'Auray et la plus célèbre, est au Canada, où la popularité de la « bonne Mère » est déjà aussi grande qu'en Bretagne. Ce pèlerinage de Beaupré, sur la rive gauche du fleuve Saint-Laurent, remonte au XVIIe siècle ; il doit son origine à des marins bretons.

ciples et mes maîtres promettaient de m'envoyer sa statue!...
O bonne Mère sainte Anne, soyez la bienvenue. S'il plaît à
Dieu, je veux conquérir pour vous en Afrique un vaste domaine,
où vous serez la souveraine incontestée, comme en Bretagne.

Le culte de sainte Anne est déjà populaire au Gabon. Mgr Le
Berre a fait ériger sur un monticule, à quelque distance de la
Mission Sainte-Marie, une petite statue de sainte Anne ; elle est là
abritée par deux manguiers, regardant vers le centre de l'Afrique.
Jamais un chrétien ne passe là sans s'agenouiller et parler un petit
mot à la *bonne maman,* comme ils disent. Leur dévotion à sainte
Anne est très grande, mais ils ont toujours des récriminations à
faire à son sujet. Tantôt ils prétendent que les manguiers la dérobent aux regards, et empêchent de la voir, comme on le voudrait,
de très loin ; tantôt ils trouvent la statue trop petite ; ou encore ils
y voudraient une église pour qu'on dise aussi la messe chez sainte
Anne....

Espérons que leurs désirs seront bientôt satisfaits.

J. B.

*
* *

Avril 1886.

Nous venons de recevoir la statue de sainte Anne. Avec quel
bonheur j'ai reconnu les traits de ma douce patronne ! Le bon Nicolazic n'eut pas plus de joie à déterrer la statue du Bocenno (1) que
moi-même en sortant de sa vaste caisse la sainte image de notre
Mère....

Et des flancs de la caisse, bondée de cadeaux, que d'autres belles
choses nous avons vues sortir après elle... musique en tête (2) !

Le déballage a été très solennel. C'était vers six heures et demie
du soir, le soleil était couché depuis une demi-heure : tout le monde
se pressait curieusement autour de moi pendant que je coupais les
cordes du grand paquet de musique. Enfin, à la lueur d'une torche
fumeuse, on peut lire le titre du premier morceau : il s'appelait
« *Bonsoir!* » Eclats de rire, applaudissements ; hurrah ! vive sainte
Anne ! crièrent vingt voix ; et tous les enfants de se répéter la
bonne nouvelle que *Bonsoir* était venu de France avec sainte
Anne !

Le jour de Pâques, nous avons étrenné la collection : on a joué
Charles, le *Charles* du Fr. Elphège ; et tous les négrillons de dire
en fredonnant le chant de basse qu'ils savent déjà par cœur : « Ça y

(1) Le champ où fut découvert la statue miraculeuse de sainte Anne d'Auray, s'appelait le *Bocenno.*

(2) Le Fr. Elphège, organiste à Sainte-Anne d'Auray, avait adressé au P. Buléon plusieurs morceaux de musique instrumentale.

Saint-Pierre de Libreville. (Vue prise de la rade.)

a beau, va ! beau même !! Fr. Elphège lui connaît bon ! Le Père il a dit comme ça : lui grand musicien ; c'est bon ! lui connaît faire la musique, bien ! » Ç'a été une vraie fête.

Mais ce qui a réjoui surtout Monseigneur, c'est le grand paquet de scapulaires qui servait d'oreiller à la statue. Nous étions à bout de ressources : Monseigneur en avait encore treize, j'en avais six ; c'était toute notre richesse ; d'ici à deux ans nous serons désormais suffisamment pourvus. Le bon M. Gendron nous a rendu un grand service, en nous adressant ce cadeau. A tous les Noirs qui me demandent un scapulaire, je dis : « Toi y vas bien prier pour lui, ça qui donné scapulaire pour toi. » — « Hé, mon Père, moi prier, bien même : *Ini gno mandé ?* Son nom ? — Il s'appelle le P. Gendron ; tu sais ? — Hé, mon Père, lui a nom comme ça ? moi connais pour prier bien ! » Et ils partent en baisant leur scapulaire. Leur croix, leur scapulaire et des médailles, c'est la gloire de nos chrétiens et leur signe distinctif.

* * *

Sur nos côtes, il se produit aujourd'hui un mouvement extraordinaire ; toutes les tribus s'y donnent rendez-vous, pour se mettre en relation avec l'Européen ; et à la vue des flèches élancées de nos églises, devant ces édifices où tout parle de Dieu, le Sauvage tombe à genoux ; il s'écrie qu'il n'est encore qu'un enfant et qu'il n'a rien vu jusqu'à ce jour. La vue du calvaire l'émeut ; il s'arrête avec ébahissement devant les statues des Saints et les bannières ; tout cela travaille son esprit : alors il compare sa religion à celle des hommes blancs ; il se rappelle les horreurs qui se passent la nuit au fond des bois pour apaiser les fétiches ; et ici, au lieu de ces tristes scènes de vengeance, il ne voit qu'une foule agenouillée, recueillie, heureuse ; il entend les paroles du Père qui lui parle d'un Dieu bon, ou des chants inconnus qui le font tressaillir malgré lui ; et, l'imagination éblouie par tant de merveilles, il retourne dans son pays pour les raconter à ses compatriotes.

Dans mes excursions, j'ai souvent rencontré des vieillards, assis à terre, ne parlant que par intervalles, et faisant leurs réflexions sur tout ce qui les avait frappés à la Mission. Les vieillards sont réfractaires ; toutefois à l'heure de la mort, quand ils n'ont pas été pervertis par de diaboliques initiations, il s'en trouve beaucoup qui désirent sincèrement le baptême, et je crois qu'ils obtiennent grâce devant Dieu. Il en est même qui ont, par la sagesse de leurs conseils ou par leur dévouement, préparé la voie à l'Evangile.

J. B.

V

Population du Gabon.

LES MPONGWÉS. — LES PAHOUINS

A mes amis de Sainte-Anne d'Auray; Avril 1886.

Je serais heureux de vous faire connaître les gens à qui vous avez envoyé la belle statue de sainte Anne; mais aujourd'hui le territoire du Gabon ressemble un peu aux Etats-Unis : notre population est un mélange de plusieurs races, qui ne sont pas encore assez fondues pour former un peuple homogène. J'essaierai du moins de vous en décrire les principaux types.

I

La région où je demeure, admirablement dessinée pour le plaisir des yeux, les besoins de la vie, et les commodités d'une station maritime, appartient à la tribu des *Mpongwés.*

Cette population orgueilleuse, mais en pleine décadence, avait autrefois une incontestable supériorité : on en peut juger encore par sa législation qui, à travers les révolutions et les âges, s'est conservée intacte. Des rois gouvernaient la tribu; mais l'interprétation des lois était réservée au conseil des anciens, où chaque village avait droit de se faire représenter : ce parlement, à la fois législatif et judiciaire, tenait ses palabres dans une île déserte.

Un autre trait caractéristique chez ce peuple, c'est le culte des morts : dès qu'un Mponwé expire, la nouvelle en est portée au loin par les chanteuses funèbres, et la tribu tout entière prendra part à son deuil. La famille se reconnaît seulement au bandeau d'étoffe noire que tous les parents doivent porter au front pendant la durée d'une lunaison.

Quant au défunt, on le juche au haut d'un arbre, ou bien on le dépose dans la forêt, en ayant soin de mettre à ses côtés une assiette. une bouteille pleine de vin de palme, et des vivres. Souvent, dans mes excursions, j'ai trouvé la table funèbre avec le vin et le manioc destinés aux mânes du défunt.

La tribu de Mpongwés a été sans doute fort nombreuse autrefois, car sa langue est parlée sur toute la côte, et à plus de cent lieues dans l'intérieur. Mais depuis quelques années, elle dépérit à vue d'œil : elle a dû partager déjà son territoire avec ses voisins ; et maintenant on rencontre au Gabon des gens de toutes les tribus : Boulous, Bingas, Akélaïs, Galloas, Batékès. Tout ce monde arrive aujourd'hui à la Mission; leurs villages ont bonne mine, et se

développent; tandis que les Mpongwés disparaissent ; ils finiront
par se mélanger avec les autres, et perdront peu à peu jusqu'au
nom dont ils sont pourtant si fiers.

Aux Mpongwés l'on peut dire impunément toutes les injures,
pourvu qu'on reconnaisse qu'ils sont Mpongwés, et qu'on les croie
riches. On les rencontre souvent au bord de la mer ou dans les
villages, solennellement coiffés d'un chapeau sans fond, chaussés
d'une savate unique, et portant à leur cou un énorme trousseau
de clefs. Cela veut dire qu'ils ont des coffres: et leurs cases, en effet,
sont souvent remplies de coffres fermés à clef. Le visiteur doit toujours supposer que ces caisses sont pleines d'étoffes précieuses, et
la politesse exige qu'on félicite de ses trésors l'heureux propriétaire de tant de coffres.

En réalité, les caisses sont toujours vides, tout le monde le sait,
mais il est convenu que c'est une façon de paraître très riche, et
cela suffit,

En religion, ils ne sont pas hostiles, ils ne sont pas indifférents,
ils ne sont pas fidèles non plus : ils n'y pensent pas ; du reste, ils
écoutent volontiers celui qui leur parle : c'est pourquoi, si l'on
pouvait avoir assez de missionnaires pour les harceler sans cesse,
leur parler toujours de religion et les mener au ciel par le bout du
nez, leur ordonner de faire le bien et leur interdire ce qui est mal,
ce serait la population la plus chrétienne qui se puisse rencontrer.
Malheureusement il est bien difficile de les avoir sous la main : le
dimanche ils viendront à la messe, — à moins qu'ils ne s'en aillent
en pirogue pour voir si l'eau est claire; ils prendront un bain si
l'idée leur en vient; et si, en passant à côté de l'église, ils se croient
fatigués, ils entreront pour s'asseoir, jusqu'à ce qu'une autre
impression les appelle ailleurs. Apathiques et flâneurs, ils ne se
préoccupent pas plus du temps que de l'éternité; et leur nourriture
ne les préoccupera pas davantage : s'ils ont beaucoup, ils mange-
ront beaucoup, tout si c'est possible; s'ils ont peu, ils mangent ce
qu'il y a : et s'il n'y a rien, ils se serrent le ventre en attendant
qu'il y en ait. Et l'attente durera quelquefois deux ou trois jours.
Un morceau de manioc, un coco, un poisson séché au soleil, voilà
toute leur nourriture. Ils mangeraient bien du riz; mais pour en
avoir il faudrait cultiver, et ils aiment mieux s'en passer.

Après le dîner, ils vont se repaître de soleil ; ils chantent alors,
en s'accompagnant de la harpe nationale, — un fil de fer tendu
qu'ils frappent avec une baguette.

II

Il est une autre tribu avec laquelle il faut déjà compter, et qui,
par ses mœurs, son énergie, le nombre toujours croissant de sa

population, arrivera bientôt à peupler une grande partie du golfe
de Guinée : ce sont les Pahouins, — peuple neuf, robuste, énergique, et... anthropophage. Leurs dents sont toujours limées en
pointe, et toujours nettoyées avec une propreté extrême !

Pourtant, l'arrivée de cette nouvelle race n'effraie pas le missionnaire : les Pahouins se corrigeront ; et tout fait espérer qu'ils
offriront de grandes ressources pour la diffusion de l'Evangile.

Plusieurs familles se sont déjà établies autour de nous, et con-
fient leurs enfants à la Mission. « — Père, me disait un jour un
ancien qui venait à l'hôpital finir ses jours, — Père, mon pays est
bien loin de la grande eau salée. Pour arriver chez toi, il m'a fallu
traverser de grands lacs, et franchir de hautes montagnes ; onze
fois j'ai vu la lune s'obscurcir, pendant mon voyage ; mais pour
moi, le voyage est fini, ta demeure sera désormais ma demeure ! »
Il avait raison, le pauvre homme, car Dieu n'a pas tardé à l'appeler à lui, et au ciel il a nom *Emmanuel*.

On reconnaît aisément le Pahouin à ses goûts de sauvage et à
son allure d'indépendance. Il aime à orner ses bras et ses jambes
d'anneaux en cuivre ; sa chevelure, tressée et enchâssée de coquillages, retombe en longues nattes à l'extrémité desquelles pendent
des clochettes : ce qui lui donne une physionomie qui ne manque pas
de *chic* ; il suspend à ses oreilles des bouts de queue de sanglier.

A le voir au repos, avec ses membres bien découplés, son attitude plastique, sa couleur de bronze, on le prendrait, sur une place
publique d'Europe, pour une superbe statue.

Mais pour garder son prestige, comme tant d'autres, il ne devrait
ni parler ni agir.

Un jour, je rencontrai un brave Pahouin qui s'avançait gravement, au milieu de l'admiration générale, coiffé d'une petite marmite qui s'adaptait juste à sa tête.

Jusque-là tout allait bien ; mais dès qu'il me vit, il crut de bon
ton d'enlever son casque pour saluer. Hélas ! son casque ne voulut
plus sortir ! Il appelle au secours, et chacun de tirer sur un pied de
la marmite ; après des peines inouïes, le « bolivar, » nouveau genre,
cède enfin à la violence ; et le Pahouin triomphant, me salue d'un
grand coup de chapeau ; j'étais déjà loin.

Ce sont d'habiles armuriers : avec de vieilles ferrailles, ils
forgent des sabres et des haches d'armes dont la fine exécution
étonne l'Européen.

Ils s'occupent aussi de céramique ; mais leur esprit turbulent et
leur amour pour la chasse les empêchent de s'adonner à la culture.

C'est la race conquérante, le peuple de l'avenir ; derrière cette
avant garde qui débouche au Gabon, il y a au moins cinq millions
d'individus.

Voilà quelques mots sur les peuplades auxquelles nous avons

mission de prêcher l'Evangile ! Ce n'est pas une mission consolante ; on n'y connaît d'autre jouissance que le bonheur de prêcher le nom du bon Dieu. La pauvre nature proteste souvent quand il faut courir et suer sous ce soleil de feu, soigner des maladies repoussantes, respirer durant des heures l'air infect des cases où l'on visite les moribonds ; mais il sera bon, un jour, de rencontrer là-haut cette légion d'enfants et de malades que nous baptisons à l'heure de la mort. Déjà ils intercèdent pour nous auprès de Dieu...

J. B.

VI

Le petit Séminaire indigène.

Sainte-Marie, juillet 1886.

Je recommande instamment à vos prières l'œuvre du petit Séminaire indigène dont la formation m'a été confiée. Avant cet essai, on avait déjà tenté l'entreprise ; il faut croire qu'elle est difficile ; car jusqu'ici on a échoué toujours. Si le bon Dieu bénit mes travaux, je tâcherai de l'établir sur des bases solides ; mais je n'ai aucune illusion et je ne me dissimule aucun obstacle. Pour réaliser le plus petit bien dans ces pauvres contrées, on lutte constamment contre des difficultés inouïes ; la puissance du démon y est consacrée par un asservissement de tant de siècles, qu'elle a fini, pour ainsi dire, par déformer cette race. Dieu seul est capable de lui ravir sa proie...

... J'ai en ce moment douze séminaristes de treize à seize ans. Les plus avancés expliquent le *Cornelius Nepos*, étudient l'histoire ancienne, dessinent le paysage à merveille ; et moi, qui frissonnais jadis à la pensée d'un problème, j'enseigne l'arithmétique !

L'année dernière, ils ont étudié la botanique ; mais il n'y a dans toute la Mission qu'un seul manuel, qui sert tour à tour au maître et aux élèves.

Septembre, 1886.

... Pour donner à l'œuvre des clercs indigènes un caractère plus claustral, nous venons de quitter Sainte-Marie ; depuis quelques jours, nous sommes installés à un demi-kilomètre au delà, dans une belle maison en pierre. Mais notre résidence qui servait autrefois à l'œuvre des apprentis a besoin qu'on l'accommode à sa nouvelle destination ; et tout reste à faire ! Il faut tracer une cour, ouvrir des avenues, couper les hautes herbes, aménager la maison. Cependant peu à peu les choses prennent une bonne tournure. Déjà nous avons un dortoir convenable, une salle d'étude où chacun écrit sur le pupitre de ses genoux ; et, dans quelques jours, nous aurons une chapelle...

. . . .

Octobre, 1886.

J'ai fait faire à mes séminaristes une petite retraite de trois jours avant la fête du Rosaire, et nous avons enfin terminé notre chapelle.

Sainte Anne a maintenant au Gabon une petite chapelle longue de sept mètres et large de trois ; sa belle statue, placée sous un baldaquin bleu, domine l'autel où je dis la sainte Messe tous les jours depuis le 10 octobre.

On y chante les cantiques que vous chantez là-bas ; un de mes enfants nous accompagne sur l'harmonium ; après la messe, on récite les litanies de sainte Anne, — comme au petit Séminaire de Sainte-Anne d'Auray.

Nous ne sommes pas riches ! Malgré cela, notre oratoire fait l'admiration des visiteurs : c'est pauvre, mais c'est pieux ! M. Nayel, — un Breton de Lorient, — qui commande ici *la Mésange*, m'a fait cadeau de quatre vases de fleurs...

J'ai reçu aussi le joli cadre que tu m'as envoyé, c'est dans ma cellule un véritable objet de luxe. Les Noirs, en entrant chez moi, commencent par aller droit au petit tableau ; et là, sans dire bonjour, ils ouvrent de grands yeux ; puis branlant la tête, ils frappent lentement dans leurs mains en disant : « Imé-Imé ! Itangani ! Ah ! ah !... les Blancs ! »

Il y avait dans la caisse une boîte à bonbons. Ah ! les bonbons, mes élèves les connaissent ; une leçon bien apprise et bien récitée vaut une pastille ! On se casserait la tête pour l'avoir.

Mes douze petits apôtres vont bien. Plus tard, s'il y a lieu, j'en enverrai quelques-uns à Beauvais. Mais le Noir... est si capricieux, et si enclin au mal !

. . . .

Novembre, 1886.

L'autre jour, tous mes petits séminaristes firent irruption dans ma chambre. C'était l'heure de la récréation, et ils semblaient vivement préoccupés. Ils entrèrent donc, s'assirent un peu partout, se regardèrent, me déclarèrent qu'il y avait un palabre à trancher, puis me dirent bonjour.

— Eh bien ! qu'y a-t-il donc ?

— Ah ! mon père, nous voulons savoir... Un tel dit *non*, moi je dis *si*.

— Mais de quoi s'agit-il ? Que voulez-vous savoir ?

— Peu de chose, mon Père, un rien, ce n'est rien.

Et tout le monde de répondre en chœur : Ce n'est rien.

— Si ce n'est rien, je vous prie de me laisser tranquille. Allez-vous en.

— Oui, mon Père, mais...

— Mais quoi?

— Dites : avez-vous un frère?

— Qu'est-ce que cela vous fait?

— Oh ! mon Père, dites-le nous.

— C'est bien : j'ai deux frères, l'un est déjà prêtre, l'autre le sera aussi bientôt, si Dieu le veut bien.

— Pourquoi ne viennent-ils pas au Gabon?

— Allez-vous en.

— Encore. Quel âge a le plus jeune?

— Il a dix-sept ou dix-huit ans.

— Oh! mais il n'est pas âgé; nous pourrions bien lui envoyer un cadeau.

— Un cadeau? vous! Et que pourriez-vous lui offrir?

Ici, on se gratte l'oreille.

— Il est vrai que nos cadeaux ne vaudraient pas grand'chose. Toutefois, dites-lui que nous l'aimons bien et que nous allons prier pour qu'il vienne au Gabon. Quant à celui qui est prêtre, qu'il y vienne donc tout de suite!...

J. B.

VII

Le Missionnaire dans la brousse.

Sainte-Marie, janvier 1887.

J'ai laissé au P. Monnier la direction du Petit-Séminaire; et de nouveau je me consacre au ministère des malades.

Le matin, je fais le catéchisme aux bonnes gens de l'hôpital: ils ne sont pas forts, mes pauvres infirmes, et souvent je suis tenté d'appeler à mon aide un vieux saint de mon pays, thaumaturge très populaire, qui a, s'il faut en croire l'invocation antique et solennelle, le don de guérir à la fois les infirmités du corps et celles de l'esprit: *S. Columbane, patrone imbecillorum, o. p. n.*

Pour faire entrer quelque clarté dans leur esprit, il faut de longues heures, durant lesquelles tout le monde écoute et répète la formule, mot pour mot. Puis, après avoir fait répéter cent fois la même chose, si on les laisse enfin répondre seuls, tous comme un seul homme, avec le plus grand sérieux, me répondent... en répétant mot pour mot la question que je leur pose. « Ce n'est pas cela qu'il faut dire, m'écriai-je un jour avec impatience; je vous pose une demande; mais répondez-donc! » « Mais répondez-donc! » répète en chœur tout le monde.

Que faire? Dans ces cas-là, je ris un bon coup, et tous de rire comme moi. Alors j'adresse à la Sainte Vierge un bon *Ave Maria*, et nous recommençons. A force d'insister, il reste, tout de même, quelque chose dans leur cerveau : le bon Dieu fait le reste.

Dans le courant de la journée, je visite les villages environnants, ou bien je prends mon sac et je pars en excursion dans la brousse.

Les Gabonnais, outre leurs grands villages, possèdent encore des habitations de moindre importance, au milieu des forêts et ordinairement à de très grandes distances. Lorsque vient la saison sèche, chacun songe à se pourvoir d'aliments pour la saison suivante ; et comme la place est au premier occupant, nos gens se mettent en quête d'un bon jardin. On y plante le manioc et le maïs ; une case est lestement construite, on s'installe, on est chez soi, on ne reviendra plus au foyer de la famille jusqu'à la fin de la saison...

Mais ces habitations lointaines sont le rendez-vous des grands féticheurs du pays. Essentiellement superstitieux, les Noirs se laissent facilement entraîner par l'amour du plaisir ou la crainte du poison, si le Père ne vient à propos les ranimer par sa présence et par ses exhortations.

Il y a deux jours, un jeune homme arrive à la Mission ; il me dit que sa sœur est gravement malade et que je ferais bien d'aller la baptiser. « Viens, dit-il, c'est tout près, là, dans le village d'Aclyba. » Or le village d'Aclyba est à deux lieues de chez nous. C'est bien, pensai-je, il est sept heures, je serai de retour pour le dîner : en route ! Chemin faisant, mon guide me dit que sa sœur ne demeure pas à Aclyba précisément, mais à quelque distance d'Aclyba. Nous passâmes donc Aclyba, et d'autres villages encore ; la course s'allongeait, le soleil était brûlant et l'on étouffait dans les sentiers, à travers les hautes herbes où l'air ne circule pas. « Est-ce encore bien loin ? » lui dis-je. — « Non, mon Père, ce n'est plus loin. Bientôt nous trouverons le village de celui qui doit nous prêter sa pirogue.... »

Je compris bien cette fois : le gaillard, pour m'encourager à le suivre, m'avait trompé sur la distance ; nous en avions pour toute la journée ; j'en pris mon parti, çà et là, je cueillais une mangue ou quelque autre fruit pour tromper la faim, et nous allions toujours pas accéléré. Enfin nous arrivâmes à l'une des criques de la rivière Mondat ; un brave homme nous prêta sa pirogue où il y avait bien place pour deux ; nous y entrâmes tous trois, je m'installai au milieu et mes deux Noirs à chaque bout. La pirogue volait sur la rivière comme une coquille de noix ; elle accosta dans un village Boulou, situé sur la rive gauche. Du plus loin qu'on m'aperçut, on se mit à pousser des cris et à battre des mains : « Un Blanc ! Un Blanc ! Le missionnaire vient chez nous ! Yé ! Yé !! »

A peine eus-je mis pied à terre que le roi vint me serrer la main, en m'exprimant toute sa joie de voir un missionnaire dans son village; et il m'accompagna lui-même auprès de la malade. Elle était déjà préparée au baptême, et ma mission auprès d'elle ne fut ni pénible ni longue.

Après la cérémonie, le roi me conduisit dans sa case, où il m'avait fait préparer un dîner à la mode du pays : Un énorme manioc en guise de pain, divers plats de légumes et de poissons assaisonnés de piment et disposés sur de grandes feuilles, enfin des bananes à discrétion, et une jarre pleine d'eau. Jamais je n'avais eu autant d'appétit : aussi je fis honneur à l'hospitalité royale. La case était pleine de curieux, hommes, femmes et enfants, qui formaient galerie autour de moi. Ils me regardaient de tous leurs yeux; chacun de mes mouvements était étudié, puis imité; et alors c'étaient des exclamations, des appréciations, des questions interminables. Ces braves gens se donnaient une séance dont j'étais la grande curiosité, avec la même badauderie que le Parisien qui va au bois de Boulogne assister aux repas de ses congénères. On a trouvé généralement que j'avais assez bonne figure.

Avant de partir je distribuai à tous des médailles de la Sainte Vierge, et quelques feuilles de tabac; alors l'enthousiasme fut à son comble. Tous m'accompagnèrent jusqu'à la pirogue, les enfants me présentaient leurs fronts, où nous avons coutume de tracer le signe de la croix; les vieillards me souhaitaient de longs jours; et j'étais déjà loin que j'entendais encore leurs adieux et leurs souhaits.

Lorsque je rentrai, le soir, à Sainte-Marie, ma soutane était trempée de sueur, mes souliers pleins d'eau et de boue; il était six heures du soir; mais j'avais ouvert les portes du ciel à une âme, et fait, pour l'amour de Dieu, un voyage d'agrément.

Omne tulit punctum qui miscuit utile dulci.

J. B.

VIII

La faune au Gabon.

Sainte-Marie, 1er *avril* 1887.

... Ce n'est pas un poisson d'avril que je t'envoie, car chez nous ces gentillesses européennes et ces poissons « pour rire, » sont aussi inconnus que vous connaissez peu nos gros poissons...

Sur toute la côte d'Afrique, les *requins* abondent, et ils sont les maîtres : impossible de se baigner dans la mer, sans être happé par dix requins à la fois, et si vous descendez dans une rivière, vous êtes en risque de renouveler dans l'estomac d'un caïman la mésaventure de Jonas... sans espoir de retour. Les hippopotames sont aussi fort nombreux dans les rivières de l'Ogowé, et les indigènes sont très friands de leur chair.

Le gibier de plume est plus rare : on ne voit guère ici que des oiseaux au riche plumage et au babil intarissable.

J'ai fait connaissance avec l'un d'eux ; chaque matin, il vient se percher sur la plus haute feuille d'un cocotier, en face de ma fenêtre ; et il me chante, avec une douceur charmante, toujours la même chanson, *do-si-sol*.

A son appel, accourent une multitude de petits bavards minuscules, qui se posent sur une tige de fleur, sur une feuille d'arbre, sur ma véranda, et la musique commence, pour ne plus finir avant le soir. Quelquefois, attirés par le bruit, les perroquets jaloux arrivent aussi ; et, perchés dans un coin, ils réclament la parole pour eux seuls : alors c'est un vacarme ! A les entendre, on dirait une division d'écoliers en révolte.

Mais quelquefois il y a de vives alertes : ils ont peur du serpent ; et les serpents, qui abondent ici, se faufilent dans les herbes, dans les arbres, un peu partout ! Nos enfants en tuent souvent d'énormes, qui ont quatre ou cinq mètres de long.

Quant aux *singes,* ils n'aiment pas la civilisation ; et, par mépris pour leurs descendants (?) qui sont venus dans ce pays, messieurs les singes restent dans leurs forêts. Souvent je les rencontre, gravement assis sur quelque tronc d'arbre, ou bien faisant leur sieste et la digestion, suspendus par la queue à quelque branche élevée, d'où ils se laissent balancer doucement au souffle de la brise. D'autres fois, ils se moquent du passant, car ils sont passés maîtres en grimaces : et leurs plaisanteries ne sont pas toujours du goût du voyageur qu'ils se mettent en tête de *singer*.

Depuis quelques années, on a trop chassé *l'éléphant :* on ne le trouve plus qu'à dix ou quinze lieues de la côte. Le *lion,* aussi, s'écarte de nous, ne voulant pas sans doute compromettre sa royauté au contact des républicains. Au contraire, la *panthère* et le *tigre,* bien loin de fuir la compagnie de l'homme, la recherchent avec une assiduité inquiétante : la nuit, on les a vus rôder aux portes de notre chapelle. Aussi ne sortons-nous jamais de nos chambres après huit heures du soir, sans être munis d'une lanterne dont la lueur les effraie.

Dieu merci, jamais bête féroce n'a attaqué un missionnaire ; mais il y a quelques années, à neuf heures du soir, un enfant qui avait eu l'imprudence de sortir sans lumière dans la cour des élèves, fut dévoré par un tigre.

. . . .

Mai 1887.

L'autre jour, je rencontrai un vieux loup de mer qui a eu l'occasion d'accompagner des explorateurs dans l'intérieur de la colonie : « Cré nom ! me dit-il, en voilà-t-il des gensses que ces Nègres ! Ce sont des trophages, vous savez. Je les ai vus décaper deux hommes qui n'étaient pas des leurs, qu'y paraît. Eh bien ! Voyez-vous çà : ils ne lavent même pas leur viande pour la manger. Les cochons ! »

J. B.

IX

L'âme nègre.

Avril 1888.

Je t'envoie ma photographie (1).

Derrière cette physionomie fatiguée et vieillie, pourras-tu encore reconnaître ton frère ? Ce n'est plus la figure souriante du jeune profès, — sans expérience et sans préoccupation, — qui posa, il y a trois ans, devant l'appareil du photographe breton. Le soleil m'a bronzé ; et mon caractère aussi bien que ma figure a changé : je ne suis plus le même. On trouve sur son chemin tant d'imprévus et de déboires, tant de misères physiques et morales donnent l'assaut à notre nature, on souffre tant et de tant de manières, que l'on finit par garder sur sa physionomie l'impression de la souffrance.

Et, vrai ! pour rire et rester joyeux quand même, il faut être un homme de caractère. Je ne comprenais pas cela autrefois. Mais depuis que j'ai vu, j'ai courbé la tête, et j'ai pu mesurer dès lors toute l'étendue du sacrifice par lequel le missionnaire s'est immolé.

Ne crois pas cependant que je sois malheureux : nous vivons d'illusions. Lorsque nous heurtons à un cœur ingrat, nous nous consolons en espérant que les autres répondront mieux à nos sollicitations. Lorsqu'un de nos chrétiens a failli, en le voyant retourner au paganisme, nous nous disons : « Peut-être reviendra-t-il ? peut-être sera-t-il le seul à donner le scandale ! » et nous allons toujours de l'avant. Ces jours derniers, nous avons racheté trois esclaves au prix de cent cinquante francs par tête. Il est possible que ces malheureux ne tardent pas à s'enfuir ; et peut-être, qui sait ? pour retourner chez leurs anciens maîtres ! Au Gabon, tous ceux qu'on a rachetés ont fait ainsi ; mais on se dit toujours : « Ce sont de pauvres gens ; ils sont misérables, sauvons-les ; espérons que ceux-ci ne nous échapperont pas. »

(1) Ces trois fragments de lettres sont datés du Fernan-Vaz.

Juin 1888.

... Lancé au milieu de tribus sauvages, dégradées et appartenant par droit de naissance au génie du mal, le missionnaire a parfois besoin de faire appel à tout son esprit de foi, pour reconnaître son semblable dans ce nègre d'Afrique; et, pour continuer à soulager les misères sans nombre de cet ingrat, il faut qu'on ait son crucifix sans cesse devant les yeux. Vous sauvez la vie à un individu; attendez-vous à recevoir bientôt sa visite; vous êtes devenu son obligé, et vous ne vous débarrassez de lui qu'à force de présents et de cadeaux !

Je ne parle pas de la question religieuse ; ils n'y entendent rien, et ne s'imaginent pas qu'on puisse s'occuper de religion. Cela leur semble paradoxal; et le missionnaire qui n'a rien à leur donner, s'il n'est pas tout à fait fou, doit au moins avoir la tête un peu dérangée. C'est leur idée.

Vous direz que je ne flatte pas mon troupeau; non assurément, mais j'aime bien appeler les choses par leur nom, et dire sans exagération ce qu'il en est. Notre soleil, sournoisement, infiltre dans leurs veines je ne sais quoi qui abrutit, qui pervertit, qui insensibilise, qui étouffe tous les élans d'un cœur créé pour aimer Dieu. Ils n'ont pas d'aspirations, ils n'ont que des appétits...

. . . .

Juillet 1888.

Le P. Bichet t'envoie un oiseau, le plus joli de la côte africaine, le bijou de nos forêts : on le nomme foliotocole.

Tu le garderas par affection pour nous ; et sa vue te reposera aux heures de fatigue, en te faisant ressouvenir de celui qui t'aime, et qui rêve sans cesse de toi dans le pays où chante l'*oiseau d'or*.

X

Incendie du village natal.

1er Août 1888.

Je viens de recevoir la lettre où vous me décrivez la série de malheurs qui ont frappé notre famille, durant ces derniers mois.

Le Dudy (1) incendié ! ce mot me fait vieillir !... Au missionnaire qui a tout quitté en s'exilant pour l'amour de Dieu, il reste, du moins, au milieu de ses labeurs, la consolation de rêver quelquefois au berceau de son enfance, — de reconstituer dans son imagination, les appartements où il fit ses premiers pas, — de se représenter dans le cadre où il les a connus tous ceux qu'il a aimés ! Et

(1) *Le Dudy* est le village natal du P. Buléon.

voilà que de tous ces souvenirs il ne reste plus pour moi que des ruines ; notre berceau n'existe plus !...

XI

Le ministère religieux au Gabon.

A mes amis de Sainte-Anne d'Auray : Janvier 1890.

Tout comme l'ennui naquit un jour de l'uniformité, je crois que l'oubli est né du silence !

Grave avertissement pour moi, car je tiens à votre souvenir : je ne veux pas que l'on m'oublie là-bas, parce que j'ai besoin de vos prières et de votre affection.

J'ai donc entrepris de vous parler encore aujourd'hui de nos œuvres africaines : c'est avec vos aumônes qu'elles ont été fondées, et elles ont grandi sous l'œil de Dieu, grâce aux bonnes prières que l'ange de l'Afrique va recueillir chaque jour sur vos lèvres pour féconder notre travail.

Est-ce que le missionnaire n'est pas le commissionnaire de l'Eglise? Nous n'avons d'autre rôle que de porter par le monde vos aumônes et vos prières ; aussi, Messieurs, si les œuvres éclosent parfois sur notre passage, comme vous avez contribué aux succès vous devez avoir part aux mérites, et c'est pourquoi nous nous faisons un bonheur de vous les raconter.

I. — *La Mission de Guinée.*

Vous connaissez la Guinée. Ceux qui ont lu la Vie du P. Libermann se rappellent avec quelle sollicitude il s'en occupait, et combien elle était chère à son cœur.

Voyant arriver sa dernière heure, ce Père bien-aimé fit un dernier effort pour recueillir, comme en un faisceau, toutes les douleurs de sa vie, toutes les amertumes qui avaient si souvent abreuvé son cœur ; et, d'une voix mourante, il murmura : « Oh ! je souffre beaucoup pour vous tous... pour la Guinée !... pour la Guinée !!!... pauvre Guinée !!!... »

Ce fut sa dernière bénédiction, son offrande suprême à Dieu pour sa chère Mission.

Que de larmes, hélas ! ne lui avait-elle pas coûtées depuis sa fondation ; et à travers combien d'épreuves ne devait-elle pas marcher dans la suite !

Située sous l'Equateur, elle réalisait dans toute son étendue le but qu'il avait indiqué à ses religieux : « Sauver les âmes les plus abandonnées. » Il semble, en effet, que sous la zone torride, se soient donné rendez-vous toutes les tribus les plus avilies et les plus dégradées de la race déchue; et le missionnaire n'avait pas seulement à lutter contre les ardeurs d'un climat meurtrier, mais surtout contre la mollesse et l'insouciance natives des indigènes.

Parlez de Dieu au Noir de ces contrées, décrivez-lui les joies du ciel et les tortures de l'enfer, demandez-lui s'il ne voudrait pas se convertir et recevoir le saint Baptême, il vous laissera dire, vous interrompra par des exclamations insensées, et finira par vous répondre qu'il recevra le Baptême aussi souvent que vous voudrez, à condition pourtant que cela ne le tue pas. Puis il abordera la question importante pour lui: « Père, tu ne m'apportes rien à boire?... Ne pourrais-tu pas bourrer ma pipe?... Ah! Père, j'ai soif; toujours soif!... »

Que faire? devait-on abandonner ces peuples infortunés et courir sur d'autres plages, sous un ciel plus clément, annoncer à des peuples plus doux et plus intelligents la bonne Nouvelle dont ceux-ci se préoccupent si peu? Non; et rien n'a pu déconcerter les ouvriers apostoliques; à mesure que les uns tombaient, d'autres sont venus prendre leur place. et l'œuvre a prospéré. La dernière prière du P. Libermann en faveur de la Guinée a été entendue; la terre inculte que l'on croyait stérile, s'est mise à porter des fruits. A mesure que les tombes des missionnaires se sont multipliées, la chrétienté a grandi; et aujourd'hui nos confrères sont échelonnés sur tous les points importants de la Guinée, travaillant, au milieu des tribus les plus diverses, à établir le règne de Dieu.

Sans doute les difficultés ne sont pas amoindries; le Noir reste le même, et je doute qu'on y voit jamais de ces chrétientés fer- ventes que l'on a jadis admirées au nord de l'Afrique.

Les jeunes gens qui sortent de nos ateliers et de nos écoles, sont loin de répondre — je ne dis pas à nos espérances, car nous n'avons pas d'illusion, — mais aux peines qu'on s'est données pour les for- mer à la vie chrétienne.

Hélas! en rentrant dans leurs villages, ils ne voient que de mau- vais exemples; souvent ce sont les Européens eux-mêmes qui les pervertissent; et alors le missionnaire est le témoin impuissant des ravages que fait l'ennemi dans ce champ où il s'était plu à semer la bonne semence.

Les enfants, hier si bons, et qu'on eût cru définitivement gagnés à Jésus-Christ, voyez-les maintenant; avec l'homme, la bête aussi s'est réveillée en eux, et à peine s'il est possible d'y retrouver quelques traces d'une éducation chrétienne. Leur baptême était resté à la surface. On est devenu un « Monsieur », et l'on veut faire comme Messieurs les Blancs. Ce n'est guère consolant; et cela se renouvelle tous les jours; les petits enfants qui nous consolent aujourd'hui vivront comme leurs aînés : ce seront les enfants prodigues de demain.

Mais laissez venir les maladies ; que Dieu touche du doigt ces pauvres égarés : « Ah ! faites venir le Père, s'écrie-t-on bien vite ; je veux me confesser. » Au seuil de l'Eternité, les principes religieux reparaissent.

Ainsi notre ministère ne s'exerce qu'aux deux extrémités de la vie : nous semons dans la jeunesse, et nous récoltons au moment de la mort ; nous instruisons les enfants et nous assistons les malades. Si nous avons eu le commencement, nous avons des chances sérieuses d'avoir aussi la fin.

II. — *Les malades.*

COURSES AUX VILLAGES ET VISITE DE L'HOPITAL.

Il y a quelques semaines, on accourut en toute hâte à la Mission : une jeune personne allait mourir, disait-on, dans un village voisin. Le P. Delorme part aussitôt ; et quel ne fut pas son étonnement, en entrant chez la mourante, d'entendre la mère, — une pauvre femme qui depuis longtemps ne pratique plus, — faire à sa fille un examen de conscience en règle.

« Allons, mon enfant, murmurait-elle, songe bien que depuis ta
« première communion, tu ne t'es pas approchée des sacrements.
« Je t'ai donné le mauvais exemple, il est vrai ; mais, aujourd'hui,
« crois-moi, mets ordre aux affaires de ta conscience ; l'heure de ton
« départ est venue, tu vas paraître devant Dieu ; c'est chacun pour
« soi !!! Voici le Père qui te confessera. Ah ! ma fille, ne cache rien
« au Père et pleure tes péchés. »

Après cette exhortation, elle sortit en pleurant, pendant que la jeune fille recevait, avec des sentiments admirables, les sacrements de Pénitence et d'Extrême-Onction. Deux jours après, elle expira en prononçant les saints noms de Jésus et de Marie.

Cent faits de ce genre attestent que le missionnaire, en consacrant tant de soins à la jeunesse, ne perd pas sa peine.

Auprès des païens, au contraire, il est ordinairement très difficile de s'introduire : le diable exerce là un pouvoir qu'il n'a plus sur les personnes baptisées, et il réussit à nous faire écarter des moribonds par ce préjugé — absurde mais irréductible — que le baptême tue les malades.

Il nous arrive parfois, après une longue course, d'arriver dans un village perdu dans la brousse. Il faut alors bien observer la première porte qui se fermera ; il doit y avoir là quelque malade.

Un jour, un des Pères de Sainte-Marie, ayant remarqué ce fait,

La Mission Sainte-Marie.

va tout droit heurter à la porte close; il ouvre, et se voit en présence d'une pauvre vieille qui pousse, à la vue du missionnaire, un cri effrayant : « Ah! pardon, Minissé, s'écrie-t-elle, *kokolo! kokolo!...* je ne veux pas mourir encore. »

« — Allons, tranquillise-toi, grand'mère, je ne viens pas te tuer.

« — Va-t-en! va-t-en! tu apportes ton eau qui donne la mort; oh! va-t-en!

« — Mais tu te trompes; le baptême ne tue pas, il donne au contraire la vie.

« — Eh bien! garde-le pour toi! garde-le, et va-t-en! »

Et le Père de se retirer, après avoir glissé dans un coin une médaille de saint Benoît.

Le lendemain, la pauvre vieille demandait elle-même le baptême; elle mourut peu après; mais pour continuer à vivre au ciel.

*
* *

Le complément nécessaire du ministère extérieur, ce sont nos hôpitaux.

Lorsqu'un visiteur vient à Sainte-Marie, il aperçoit à sa droite, sur un petit plateau planté de cocotiers et de manguiers, un groupe de constructions indigènes qui offre l'aspect riant d'un petit village propret, bien tenu, et heureux. Approchez et jugez. Quel n'est pas votre étonnement en vous voyant, dès les premiers pas, entouré par une foule de petits négrillons, âgés de cinq à douze ans, teigneux, éclopés, fiévreux, pauvres petits abandonnés que nous recueillons, et qui ne sortent de là ordinairement que pour aller au ciel.

A mesure que l'on avance, la pitié augmente; il y a là des représentants de tous les âges, de toutes les races, et de toutes les infirmités : on dirait un musée, une exhibition de toutes les misères humaines : voici un épileptique, des aveugles, des boîteux, des hydropiques; plus loin, étendus sur leurs nattes, gisent les « dormeurs, » squelettes vivants qui restent là parfois des mois entiers sans manger ni boire autre chose que ce qu'on leur administre de force. Quelques-uns couverts d'ulcères hideux, ne remuent guère que pour chasser les mouches qui tourbillonnent autour de leur plaies; plus loin encore, ce sont d'infortunées créatures rongées par la lèpre ou l'éléphantiasis; des pieds monstrueux et exhalant une odeur infecte, des mains dont les articulations tombent une à une, des figures informes qui n'ont plus rien de l'homme : et tout ce monde, assis sur des nattes, ou accroupis autour d'un bon feu sur lequel bouillonne la marmite, devise et cause, pendant que, par les fenêtres ouvertes les rayons du soleil viennent se jouer au milieu de tant de douleurs, comme des rayons de joie dans la cité de la souffrance !

Ceci est le domaine du bon F. Henry. D'autres ont pu inscrire sur la porte qu'ils ouvrent aux incurables (1) :

Lasciate ogni speranʒa, voi che'ntrate !

La maison du F. Henry, au contraire est le séjour de l'Espérance; si l'on y vient parfois tristement, comme à la mort, on en sort avec joie, car la porte ne s'ouvre que du côté du ciel.

Un jour arriva à l'hôpital un pauvre Pahouin; il n'était pas brillant de santé, il l'avouait bien lui-même, et il nous disait : « On « m'a tant parlé de vos remèdes et du Dieu des Blancs, que je « suis venu pour voir si tout ce que l'on m'a dit est réel. » — Le F. Henry lui montra l'église : « Eh bien ! mon ami, ne te gêne pas, « voilà la maison du bon Dieu; entre et dis-moi si les chefs de « ton village habitent pareille case. » — Notre Pahouin entra en tremblant; ses jambes flageolaient, ses mains retombaient lentement l'une dans l'autre ; et tout en branlant la tête, il tirait de sa poitrine des « moè ! moè (2) ! » de conviction profonde.

Tout à coup, avisant une statue de saint Joseph avec l'Enfant-Jésus : « Qu'est-ce que cela ? » murmura-t-il, presque effrayé.

« C'est, lui dit le F. Henry, l'Enfant-Jésus, notre Dieu et Sau- « veur, entre les bras de saint Joseph, le patron des malades... » — « Einh ! moè ! puis-je lui parler? on le dit si bon ! » — Et sans autre préambule, s'approchant de la statue : « Oh ! Jésus, s'écria- « t-il, tu dois être un grand chef, toi ! ne pourrais-tu pas me « guérir... Moi, je suis Pahouin, et mon père est riche : va, je « t'aime, quand toi il va gagner grand, toi venir dans mon la « village; moi donner toi un pagne, et garder toi bien, car toi y a « bon ! moè ! moè ! toi il y a gagné cœur pour moi. »

Parmi ces infirmes, — venus ou apportés dans nos hospices, — il y en a qui meurent comme des Saints.

J'ai vu mourir de tout petits enfants qui avaient à peine l'âge de raison et dont les âmes s'envolaient droit au paradis des anges. Alors rien n'est édifiant comme l'émulation naïve de leurs jeunes compagnons pour organiser le convoi funèbre. Les plus forts se chargent du brancard; les moins éclopés forment les rangs et récitent le chapelet ; les autres suivent comme ils peuvent, clopin clopant, et tâchent du moins d'arriver assez tôt pour jeter sur le cadavre un peu d'eau bénite.

J'ai vu mourir aussi de vieux pécheurs, de ceux-là qui avaient fait scandale parmi leurs compatriotes; quand la main de Dieu les a touchés, ils acceptent les plus horribles souffrances avec une résignation de martyrs.

---

(1) DANTE : *Vous qui entreʒ ici laisseʒ toute espérance.*
(2) C'est bon.

Un jour, — raconte le Père Delorme, — l'un de ces pauvres convertis me fait appeler : « Père, dit-il, je m'en vais. Je veux me « confesser. »

Ne remarquant rien de bien extraordinaire dans son état, je lui réponds : « Manuel, l'heure du départ pour le Ciel, n'est point « encore arrivée, c'est une indisposition qui passera ; allons, bon « courage ! »

« Ah ! Père, je veux faire une confession générale de toute ma « vie, et ensuite vous me donnerez l'Extrême-Onction. »

Je me rends à son désir. Et après avoir reçu le sacrement des malades avec de grands sentiments de piété, Manuel me dit : « Père, laissez-moi votre crucifix. » Je lui donne ma croix de missionnaire, qu'il baise avec amour et qu'il place sur sa poitrine. Un quart d'heure s'était à peine écoulé quand je retournai auprès du malade : Manuel n'était plus de ce monde ; il avait rendu son âme à Dieu en pressant le crucifix sur son cœur. Cette mort édifiante a été remarquée de tous ses camarades, plusieurs d'entre eux m'ont dit : « Ah ! Père, c'est bon mort çà ; Manuel partir pour voir le « bon Dieu même ; nous voulé mourir comme çà même. »

C'est ainsi que le missionnaire fait son œuvre, tantôt abreuvé de déceptions, tantôt consolé par des retours inattendus.

III. — Les Enfants.

ECOLIERS. — APPRENTIS.

Avec la visite aux malades, nous avons un autre ministère ; ce n'est pas le moins important, je crois, et c'est de beaucoup le plus intéressant.

1° Lorsqu'à cinq heures trois quarts retentit le son de l'*Angelus,* on voit tout à coup se précipiter dans les cours une foule de petits enfants, vifs, alertes, espiègles, qui ne manquent jamais de commencer leur journée, s'ils en trouvent l'occasion, par une bousculade. Ce sont les enfants de l'école primaire ; le nombre varie entre quatre-vingts et quatre-vingt-quinze ; et le bon Dieu leur a donné un maître de choix. Le P. Klaine est là depuis des années, supportant avec une patience inaltérable toutes les gamineries de sa turbulente république.

A tout moment, ce sont des palabres sans fin que l'on vient soumettre à son arbitrage ; le Père écoute tranquillement, regarde les deux partis, puis tout à coup d'un ton terrible : « Oh ! les vilains ! attendez ! » Bien entendu, ils n'attendent jamais ; et la querelle se termine ainsi, chacun se disant : « Je suis un vilain, mais l'autre aussi. »

De cette école sont déjà sortis un nombre considérable de jeunes gens, aujourd'hui répandus sur tous les points de la colonie ; et dans les administrations, ils rendent d'importants services que tous les Européens se plaisent à reconnaître. Presque tous les employés indigènes de la colonie sont catholiques. Ils quittent la Mission avec des connaissances suffisantes en mathématiques, une bonne écriture, quelques notions d'histoire et de géographie ; ils écrivent et parlent correctement le français ; ce qui leur donne sur leurs compatriotes un ascendant incontesté ; on les distingue à la médaille qu'ils portent au cou et à leur scapulaire (1) ; et si dans la suite ils ne répondent pas toujours par une vie édifiante aux soins qu'on leur a prodigués, du moins le missionnaire ne doit pas regretter sa peine, car la bonne semence ne se perdra pas, elle portera fruit tôt ou tard, rarement en pleine jeunesse, mais presque toujours à la mort. La chaleur des passions est comme celle du soleil, elle ne permet de bien vivre que le soir et le matin ; le midi elle brûle. Pauvres Noirs ! ainsi sont-ils faits ! Et il faut espérer que le Dieu de miséricorde sera assez bon pour ne pas rejeter ces vieux débris d'une vie pleine de faiblesse : un grand nombre d'entre eux trouveront leur petite place au Ciel et, nous en sommes convaincus, ils y feront bonne figure à côté des Blancs.

* *

2° Il me reste à vous parler des apprentis

Ce n'est pas une petite affaire que de gouverner et diriger une cinquantaine de jeunes gens sortis de partout, la plupart avec des habitudes d'indépendance et une sauvagerie, dont la patience et le tact du P. J. Lichtenberger peuvent seuls venir à bout.

Voici un fait arrivé récemment, qui montre bien l'influence de la Religion sur ces pauvres enfants :

Il y avait, depuis un an, chez les apprentis, un jeune Pahouin nommé Léon, qui, par sa bonne conduite et son application au catéchisme, avait déjà mérité la faveur de recevoir le baptême. Un jour, arrive à Sainte-Marie le canot de Donghila, et l'un des rameurs lui annonce que son petit frère est gravement malade.

---

(1) Un jeune apprenti de l'Ecole professionnelle est accosté, dernièrement, par un officier qui l'interroge avec un grand air de dédain :

« Dis donc, moricaud, qu'est-ce que ce petit morceau de linge que tu portes là sur ta peau ?

— Monsieur l'officier, çà, c'est scapulaire.

— Ah ! c'est scapulaire !... Et qu'est-ce que ça peut bien dire ?

— Et toi, monsieur, reprend l'enfant, qu'est-ce que tu portes là sur ta manche ?

— Ça, mon gros, ce sont mes galons.

— Bon ! Galons pour toi ça veut dire que t'es commandant, et scapulaire pour moi ça veut dire que je suis chrétien, catholique et soldat de la Sainte Vierge. Pas plus. »

Le Monsieur se tut, d'autant que tout le monde riait de lui. Puis, se retournant subitement, et pris sans doute d'un honnête remords :

« Eh bien ! dit-il à l'enfant, tu es un lapin ! »

Et il lui donna dix sous.   Mgr Le Roy,

Ah ! Monseigneur, s'écrie Léon, laisse-moi partir, sinon mon frère mourra sans baptême ! Moi seul connais l'habitation où il se trouve ; il irait en enfer ! laisse-moi partir avec le canot de Donghila. » — Il partit.

Quand il arriva à la Mission de Donghila, il faisait nuit ; mais rien ne l'arrête, il veut continuer sa route. Le Père essaie de le retenir jusqu'au lendemain. « Non, dit l'apprenti, je veux arriver à temps pour baptiser mon frère ; et, s'il n'est pas trop malade, je l'apporterai ici. » En effet, le lendemain, après une course de deux ou trois heures dans la brousse, on voit paraître Léon, portant le petit malade sur son dos. Il était harassé de fatigue ; « mais, disait-il, le bon Dieu a gagné ; et quand mon frère ira au ciel, il priera pour moi. »

Quelques jours après, l'enfant mourait à l'hôpital de Sainte-Marie ; et tous les apprentis accompagnèrent le cercueil jusqu'au cimetière, en récitant le chapelet. Ce fut une des plus touchantes cérémonies auxquelles j'aie assisté.

Quant à Léon, il a déjà commencé à recueillir sa récompense : grâce à son bon esprit et à son intelligence, il a mérité d'être admis à l'école primaire où il réussit très bien. Aux jours de fête, quand notre fanfare se fait entendre, on remarque d'énergiques roulements de tambour qui dénotent une main ferme ; et l'on est tout surpris de se trouver en présence d'un petit homme au regard timide. C'est Léon.

Nous avons aujourd'hui dans la plupart des villages des ouvriers sortis de nos ateliers : leur savoir-faire donne du prestige à la Mission ; ils nous avertissent en cas de maladie ; et dans nos excursions apostoliques, ce sont d'excellents guides (1).

IV. — *Les fêtes religieuses.*

Voilà, donc un aperçu général de nos œuvres. Comme vous avez pu le constater, la besogne ne manque pas, mais je m'empresse de le dire : « S'il y a des jours pénibles, des moments où le cœur est

(1) Tout récemment, Mgr Le Roy se trouvait à Ndjolé, dans le haut Ogoué, où l'Administration possède un poste important et une prison. Le directeur du pénitencier, un Noir, vint lui demander à se confesser.
  Tu es donc chrétien ?
  Mais oui, et un bon.
  — Es-tu seul ?
  — Non, il y a encore les employés et les boys du commandant ; ils vont se confesser aussi.
  — C'est tout ?
  — Non, il y a encore ceux des négociants.
  — C'est tout ?
  — Mais non, il y a encore six de nos prisonniers.
  — Et je pensais : c'est encore mieux qu'au temps de Tertullien, où les chrétiens ne laissaient aux païens que leurs temples. Ici nous ne leur laissons même pas le monopole des prisons. (*Correspondant*, 1895.)

près de défaillir, il y en a d'autres aussi qui font oublier toutes les peines et dédommagent de toutes les épreuves.

A Sainte-Marie, c'est de tradition, les fêtes sont splendides. Vienne le jour de la Fête-Dieu, on voit accourir par tous les sentiers de la forêt une multitude d'indigènes endimanchés des plus voyantes couleurs; on se presse vers la Mission par la grande avenue des cocotiers, enguirlandée pour la circonstance et entièrement pavoisée. Un arc de triomphe s'élève au bord de la mer, faisant face à la Mission; au frontispice de la chapelle flotte l'étendard du Sacré-Cœur, au dessous duquel se détache en relief cette inscription royale : *Regi sœculorum immortali, soli Deo, honor et gloria.*

Mais écoutez : tambours et clairons battent aux champs, le Très-Saint-Sacrement s'avance, porté par le vénérable pontife. Il y a longtemps que Mgr Le Berre prend part à cette manifestation, chaque année plus consolante et plus belle. — Mais si vous êtes aujourd'hui à l'honneur et à la joie, c'est que vous avez été, ô bon père, sans découragement ni faiblesse, quarante-trois ans à la peine !

Cependant la procession s'avance; la musique exécute une marche triomphale; une salve de vingt-et-un coups de canon retentit; et, le long de la plage, se déroule un défilé sans fin, dont la vue nous rappelle les beaux jours de notre enfance... A l'église Saint-Pierre, on fait halte; c'est là, du haut du perron, que Monseigneur donne à toute la colonie une bénédiction solennelle; en ce moment, le spectacle a une incomparable grandeur, et l'émotion gagne irrésistiblement toute la foule. A la bénédiction silencieuse qui rayonne de l'ostensoir, un des navires en rade répond, au nom de la France, par une salve d'artillerie; c'est le rugissement du lion qui frémit d'aise sous la sensation bienfaisante des premiers rayons du soleil.

La Mission des Deux-Guinées, comme vous le voyez, est loin de subir le sort des choses qui vieillissent. Au lieu de glisser à la décrépitude, elle ne fait qu'affermir ses œuvres; nos hôpitaux et nos écoles, — ces deux facteurs essentiels de l'influence française à l'étranger et de l'influence religieuse chez les sauvages, — sont très prospères; et Dieu sait ce que nous ferions encore, si notre bourse valait notre bonne volonté !

J. B.

XII

Souvenir du mois de Mai.

1ᵉʳ *mai* : C'est le mois le plus beau! Là-bas, chez vous, c'est
l'éclosion des fleurs, c'est le premier sourire de toute la nature qui
renaît; et j'aime à me rappeler les jours heureux où, courant dans
les champs, nous allions de talus en talus, de calvaire en calvaire,
placer partout une branche verte en l'honneur de Marie. Rêves
dorés, souvenirs enchanteurs, tout cela est bien évanoui, et notre
mois de mai africain est loin de revêtir tous ces charmes. Ici, notre
soleil de feu achève de griller les derniers débris de végétation cul-
tivée qui a pu résister jusqu'à ce jour à ses ardeurs. J'ai là, sous
ma fenêtre, de pauvres rosiers qui font le charme de mes rares
loisirs; ils penchent tristement la tête et semblent demander grâce
à ce climat trop dur; leurs feuilles qui jaunissent et leurs fleurs qui
s'effeuillent avant de s'être épanouies, se demandent pourquoi on
les a transplantées sur ces rivages de feu.

Hé mon Dieu! c'est que nous cherchons à nous entourer de tout
ce qui rappelle la patrie absente; et les fleurs d'Europe qui s'épanouissent là où était le désert, n'ont-elles pas leur langage? Mais
elles y souffrent comme nous, elles y végètent aussi; et le Noir, à
qui la nature a cru devoir les refuser, les appelle, dans sa langue,
des herbes coloriées!

Voici *Mai* qui arrive, et nous n'avons à offrir à notre Mère que
des fleurs fanées, et des restes de forces épuisées par la mauvaise
saison.

. . . .

J. B.

AU FERNAN-VAZ

Cette étude ne contient pas un fait qui ne m'ait été raconté par le R. P. Buléon ; elle ne renferme pas une idée ou une expression qu'il n'ait soigneusement contrôlée. Il serait impossible de dire ce qui n'est pas de lui dans une œuvre en apparence commune, et qu'il a faite en parlant, pendant que je tenais la plume. Il m'a donné le seul éloge que j'ambitionnais, en m'assurant que j'avais exactement rendu sa pensée.

Eug. Le GARREC.

LES NKOMIS AVANT L'ARRIVÉE DES FRANCAIS [1]

I

Le Fernan-Vaz

LE LAC. — LA POPULATION

Le Fernan-Vaz est le vaste territoire qui entoure le lac des *Nkomis*. C'est le nom qu'un négrier Portugais lui a donné, comme pour perpétuer l'odieux souvenir du trafic auquel il se livrait. Il est fâcheux que les Français, en s'établissant dans le pays, n'aient pas songé à abolir ce nom qui devait disparaître avec les cruautés qu'il rappelait. Il était si facile d'y substituer un nom qui aurait fait comprendre aux indigènes que les nouveaux conquérants se proposaient de les civiliser, non de les dépouiller et de les vendre. Il eût été préférable encore, pour gagner leur sympathie, de lui rendre, en se conformant aux traditions du pays, le nom du peuple qui l'habitait de temps immémorial.

D'ailleurs, à ne se placer qu'au point de vue purement géographique, ce terme de Fernan-Vaz paraît beaucoup trop restreint. Quelque vaste que soit le territoire qu'il désigne, les Nkomis se sont trop multipliés pour pouvoir s'y enfermer ; ils ont débordé de

---

(1) Ces deux chapitres ont été détachés d'une étude plus complète sur le Fernan-Vaz et les Nkomis, que M. Eug. Le Garrec a publiée dans une brochure à part, sous ce titre : *La rencontre de deux civilisations.*

toutes parts : au sud ils se sont établis dans les belles plaines d'Agnambié, à la hauteur du cap Sainte-Catherine, et leurs pagaies frappent les eaux du lac Ngové ; leurs pirogues remontent le cours du Rembo jusqu'au pays Eshira ; vers le nord, ils se sont avancés jusqu'auprès du cap Lopez ; et leurs villages sont voisins, dans le bas Ogowé, de ceux des Oroungou, et, plus à l'ouest, de ceux des Galwas.

C'est pourtant sur les bords du lac qu'ils ont construit la plupart de leurs villages ; c'est dans les vastes plaines qu'il arrose où dans les îles désertes dont il est parsemé, qu'ils tiennent leurs grands comices annuels. Quand on connaît l'abondance des ressources qu'il met à la portée d'un peuple trop ami du repos, la fertilité du sol qui ne demande qu'à produire, le pittoresque et la beauté des sites variés qu'on y découvre à chaque moment, la grandeur des plaines où les plus vastes assemblées peuvent tenir, on s'explique aisément que les *Nkomis* en aient fait le centre de leur vie politique et leur séjour de prédilection. — Un simple coup d'œil jeté sur sa configuration permet de comprendre que, dans un pays où il n'y a pas de route percée, il offre les moyens les plus rapides et les plus commodes de communiquer avec les points les plus éloignés de la tribu.

Examinez le cours du *Rembo Nkomi* : même après qu'il a quitté le pays montagneux des Eshiras, ce fleuve resserré dans un lit étroit conserve longtemps encore un cours impétueux ; mais à mesure qu'il descend vers l'Océan, son lit s'élargit et ses eaux, trouvant une pente plus douce, perdent de leur violence. A une époque, dont il appartient aux géologues de déterminer la date, il poussait droit devant lui, et se jetait sans dévier dans la mer. Mais il s'est produit ici un phénomène qui se répète assez fréquemment pour un grand nombre de fleuves africains, dont les courants sont comme le sien languissants à leur embouchure. Une lutte inégale commença entre le petit fleuve affaibli qui voulait se frayer un chemin, et l'immense Océan dont les flots le repoussaient. Entre les deux ennemis, et sous l'action incessante de leurs chocs continus, il s'éleva peu à peu une sorte de digue naturelle, une longue et mince bande de terrain sablonneux, qui s'étendait vers le nord et semblait fermer toute issue devant le fleuve, à mesure qu'il voulait tourner l'obstacle que l'Océan lui opposait. Le *Rembo Nkomi* envahit alors les terrains bas qui s'offraient à lui, surtout dans la direction du nord, et couvrit le pays d'une immense nappe d'eau aux contours irréguliers ! — Ce n'est qu'après avoir étendu à droite et à gauche des lacs de grandeur et de forme variées, que le fleuve va, à plus de vingt lieues plus loin, rejoindre la mer, où il descend en biais, et aboutir à une crique très longue qui le fait communiquer avec le delta de l'Ogowé. Çà et là émergent des îles, les unes désertes, les autres habitées, tantôt recouvertes d'arbres, tantôt n'offrant qu'une surface nue.

De tous les points de ce lac admirable, celui qui doit attirer nécessairement l'attention de l'explorateur et du missionnaire, est celui que les Noirs appellent *Igoumbi* : c'est une situation que la nature semble leur avoir ménagée pour y établir le foyer de leur influence et le centre de leurs excursions. Supposons qu'un poste européen vienne à s'y établir, soit dans une intention politique, soit dans un but d'évangélisation ; on voit immédiatement les facilités qu'elle leur offre : située sur le continent, la pointe *Igoumbi*, permet de visiter les villages du sud et même de se rendre à la mer sans employer la pirogue ; comme d'autre part, elle termine une sorte de presqu'île, elle est l'endroit où abordent le plus facilement les pirogues qui viennent du lac *Nchonga* ou du lac *Ashebé;* enfin la proximité du *Rembo Nkomi* semble inviter à remonter dans l'intérieur et à faire connaissance avec cette partie de la tribu qui s'est établie sur les rives du fleuve.

Depuis quand, les *Nkomis* occupent-ils un pays privilégié que les autres tribus africaines ont dû lui envier et même lui disputer souvent les armes à la main ? Si la félicité d'un peuple était, comme on l'a dit, en raison de l'ignorance où il est de son origine et de son histoire, les *Nkomis* seraient un des peuples les plus heureux de la terre. Dans une société qui ne sait point écrire et qui n'a pas d'ailleurs une idée précise de la succession des époques, les traditions n'ont pu s'établir ; et le souvenir des faits, même les plus importants et les plus rapprochés, s'efface vite et disparaît comme dans une nuit profonde. A qui les interroge sur leurs commencements, ils répondent invariablement que leurs ancêtres ont été de tout temps en possession de ce territoire. Les Egyptiens ne montraient-ils pas une naïveté plus grande et moins pardonnable, quand ils s'attribuaient une existence de centaines de siècles ?

Ce qui paraît pourtant certain, c'est qu'à une époque plus ou moins éloignée, plusieurs familles puissantes se sont trouvées réunies dans la région du lac ; elles se sont fondues en un seul et même peuple. Tout en conservant leurs caractères distinctifs, elles ont adopté le même idiôme, la même législation et la même organisation politique. D'où venaient-elles ? De l'Ogowé, des bords du Congo et de l'intérieur.

Une même loi mystérieuse et fatale paraît peser sur les destinées de presque tous les peuples de l'Afrique. Une sorte de courant irrésistible porte les tribus et les races vers la mer. Il semblait qu'en prenant pied sur une terre que la civilisation affirmait avoir conquise, elles dussent y trouver un nouvel élément de force et une impulsion vigoureuse vers des destinées plus hautes. Le contraire s'est produit : en proie aux cruautés des nouveaux conquérants, qui ne voulaient pas voir en eux des frères, en contact avec les vices destructeurs des civilisés corrompus, elles ne trouvent pas en elles-mêmes une source de résistance assez énergique : elles se dégradent, elles s'étiolent, elles meurent. Et en voyant le mouvement de ces diverses races qui se succèdent et s'éteignent les unes après les autres, on songe aux flots qui, partis du sein de l'Atlantique immense, battent continuellement la côte africaine, et, après y avoir jeté un peu d'écume, s'y brisent. Les *Mpongwés* ont à peu près disparu, bien que leur nom ait passé aux Noirs qui les ont remplacés ; les *Bengas*, au cap Estérias, sont en train de disparaître, et combien d'autres !.... Les *Pahouins* descendus eux aussi de l'intérieur ; mais ceux-ci, plus énergiques, tendent en ce moment à absorber les autres tribus et à devenir les seuls maîtres du littoral sur plus de cent lieues de côte,.... en attendant qu'ils disparaissent peut-être à leur tour.

Ce n'est que du côté des *Nkomis* qu'ils ont vu opposer, à toutes leurs tentatives d'envahissement, une résistance efficace. Grâce à une constance qui est rare parmi les races africaines, grâce à la constitution politique de la tribu qui donne une assez grande cohésion aux divers éléments qui la composent, grâce aussi à leur amour-propre national, j'allais dire leur patriotisme, qui ne peut se faire à l'idée qu'une autre peuplade vienne pagayer dans l'Eliüa, les *Nkomis* conservent une puissance de vitalité qui ne semble pas près d'être entamée.

On éprouve une réelle joie à penser à ce peuple, qui a su garder une certaine fixité au milieu du mouvement qui emporte tout le reste, et conserver, dans ce flux et ce reflux continuels qui mêlent les races, une physionomie caractéristique, bien curieuse aussi, et qui donne de lui une idée avantageuse. Ce n'est pas qu'il ne participe à la dégradation qui est le lot de tout le continent noir : Hélas ! vous n'aurez bientôt que trop de preuves de son abaissement moral et intellectuel ! Mais il a des qualités sérieuses qu'on ne trouve pas au même degré chez ses voisins ; son intelligence n'est pas inaccessible aux idées les plus élevées, et son cœur, pourvu qu'on le forme de bonne heure, peut s'ouvrir aux plus nobles sentiments. Qu'une civilisation supérieure et bienfaisante pénètre chez lui, il en subira volontiers l'influence ; et pourvu qu'elle exerce une action incessante et patiente, et qu'elle s'appuie sur les vertus latentes qu'elle découvrira en lui, il est permis de croire qu'il gravira peu à peu de quelques degrés l'échelle sociale, au bas de laquelle il est aujourd'hui ravalé, si toutefois il n'en peut atteindre le sommet.

II

Le peuple Nkomi

LE VILLAGE ET LA FAMILLE

A étudier leurs mœurs, leurs lois et leurs coutumes, on voit que les *Nkomis* possèdent aujourd'hui un état social qui tient une sorte de milieu entre l'état sauvage et l'état civilisé.

Pénétrons dans un de leurs innombrables villages. Comme, à part quelques particularités insignifiantes, ils offrent tous la même physionomie, comme les habitudes y sont à peu près identiques, le premier que nous rencontrerons nous servira de village type, dont les autres ne seraient que l'uniforme répétition.

Il se présente à vous sous l'aspect d'une rue très large, où l'on a tenu compte d'une certaine symétrie. Plus ou moins nombreuses, plus ou moins grandes, mais de forme à peu près identique, les cases s'échelonnent sur deux rangées, séparées par un espace considérable, qui atteint parfois quarante ou cinquante mètres, et forme une immense place publique, sur laquelle s'ouvrent toutes les portes. Bien que très simple, l'architecture n'est pas dépourvue d'élégance. La menuiserie est une des supériorités incontestables des *Nkomis*. Comme structure générale, la case ressemble aux maisons que l'on trouve dans les villages de nos campagnes, mais les matériaux en diffèrent absolument. Un toit en feuilles de bambous repose sur des colonnes en bois : ces colonnes sont reliées les unes aux autres par des palissades qui ferment la case, excepté du côté où l'on pratique les ouvertures de la porte et des fenêtres. La partie du toit qui descend du côté de la rue se prolonge et forme au dessus de l'entrée une vérandah où le Noir passe une grande partie de son temps à fumer, ou à ne rien faire, ce qui est encore pour lui une sérieuse occupation.

La rue du village est très bien entretenue et les esclaves sont chargés de la balayer tous les matins. Les Noirs n'ont pas voulu y mettre d'arbres, c'est à l'extrémité du village qu'ils ont établi des plantations de bananes et de manioc, qui leur fournissent leur nourriture tout en entourant leurs habitations d'un feuillage toujours vert.

Ce qui frappe le voyageur quand il entre dans leurs demeures, c'est la grande propreté qui y règne. On y trouve un luxe et un confortable qui étonnent dans une société aussi rapprochée de l'état de nature ; d'ailleurs leurs relations avec les Européens n'ont fait que satisfaire et développer ce besoin.

La case se divise d'ordinaire en plusieurs compartiments : la salle à manger, qui sert aussi de salle de réception, se trouve au milieu ou à l'une des extrémités, suivant les besoins de l'aération. L'ameublement se compose d'une table et de plusieurs chaises. Parfois la table n'est autre chose qu'une planche d'okoumé reposant sur quatre piquets, parfois elle ressemble à nos tables ordinaires. Leurs chaises ne diffèrent des nôtres que par leur siège qui est en bois au lieu d'être en jonc. Ils se servent souvent d'une branche d'arbre dont ils ont ingénieusement disposé les ramifications pour lui donner la forme d'un fauteuil avec accoudoir. Les *Nkomis* s'asseoient autour de la table pour manger la banane et les bâtons de manioc et leur poisson fumé. Ils n'oublient jamais, en présence des étrangers qu'ils reçoivent, de faire étalage de leur vaisselle de provenance européenne dont ils sont très fiers, bien qu'ils ne s'en servent jamais pour leur usage personnel. Les autres compartiments sont des chambres à coucher. Le lit est très simple ; un treillis en bambou, sur le treillis une couverture dans laquelle on s'enveloppe pour dormir, sous la tête un oreiller rempli de feuilles de maïs ou de sciure de bois. Je suis pourtant obligé d'avouer que lorsqu'on a passé une nuit entière sur ces branches de bambou entrelacées, on est loin de leur trouver le moëlleux de nos bons lits de France.

Les *Nkomis* ont le goût inné de l'ornementation ; outre des statuettes grossières et des sculptures un peu primitives qui sont l'œuvre de leurs mains, il n'est pas rare de voir, piquées aux cloisons de leurs cases, des gravures européennes, enlevées aux Revues de modes, qu'ils se sont procurées dans les factoreries ; l'imagerie d'Epinal, par ses couleurs voyantes et les poses qu'elle donne à ses personnages, provoque surtout leur admiration. A tous ces morceaux de papier, ils ont du reste donné les positions les plus invraisemblables : ici vous avez un jeune dandy, tout de neuf habillé par *le Printemps,* que leur main a couché horizontalement sur le mur ; là, un évêque, la tête en bas et la crosse renversée, bénit les fidèles, dont les pieds sont tournés vers le ciel. Leur goût artistique a besoin de se perfectionner par le nôtre.

En revanche, il est plus d'une leçon que nous pourrions recevoir de ce peuple, dont les marques certaines qu'il donne parfois de son infériorité nous portent à dédaigner les mœurs et les institutions.

Dans le village s'élève une case qui a reçu une destination particulière. On la nomme la case de réception. L'entrée n'en est jamais fermée, comme pour indiquer qu'on a toujours droit à l'hospitalité des *Nkomis.* Les palissades, au lieu de monter jusqu'au toit, s'élèvent à une faible hauteur, et l'étranger peut s'y accouder pour entretenir les gens du dehors. Là, il peut se considérer comme chez lui.

La réception elle-même se fait avec quelque gravité. Dès qu'un visiteur important arrive, pour peu qu'il connaisse les usages, il se fait indiquer la case de réception et va s'y asseoir. Le bruit de son arrivée se répand comme une trainée de poudre ; et bientôt il voit arriver les habitants du village, le chef en tête. Celui-ci l'aborde, lui serre la main à l'européenne, ou, en gardant la tradition, lui passe la main et le bras sur toute la largeur du dos en disant : *samba*. Cette première cérémonie achevée, on s'asseoit. Le chef se place vis-à-vis de l'étranger, et le salue en prononçant la parole sacramentelle *mbolo* (longue vie), à laquelle l'étranger doit répondre *aï* (oui). Lorsque ceux qui l'accompagnent se sont conformés au même cérémonial, la conversation s'engage sur le sujet qui cause la visite.

Les *Nkomis* ont une trop haute idée de leurs devoirs pour ne pas offrir des présents à celui qui vient chez eux. Le chef lui apporte d'ordinaire une poule, un régime de bananes... Le visiteur saura reconnaître cette délicatesse en distribuant lui-même les objets dont il a eu soin de s'approvisionner. Quelques feuilles de tabac peuvent suffire.

Si l'étranger doit passer la nuit dans le village, on met à sa disposition les cases vides qui ne servent qu'à cet usage. Il n'est même pas très rare de voir le chef quitter sa case royale et l'abandonner aux hôtes dont la visite l'honore. Lorsque, la nuit tombée, l'étranger s'enferme dans la demeure qu'on lui a désignée, il peut être assuré d'une tranquillité complète : personne ne se croira permis d'aller troubler son sommeil. Même pendant le jour, il pourra, s'il le veut, rester seul. On vient le voir, il est vrai, on se presse autour de lui, curieusement on examine sa physionomie, ses gestes, son costume ; on lui pose des questions qui ne laissent pas, sans qu'ils en aient conscience, d'être indiscrètes ou du moins importunes : mais qu'il fasse semblant de vouloir prendre son repas ; immédiatement il les verra se disperser, s'éloigner en toute hâte, afin que l'étranger puisse manger seul et tranquillement.

Le *Nkomi* a une idée si haute de l'hospitalité, que pour en remplir les devoirs il saura surseoir à ses plus violents désirs de vengeance. Qu'un ennemi vienne à entrer dans son village, il n'a rien à craindre : dès qu'il en sera éloigné, qu'il se tienne sur ses gardes, il risque d'être frappé par la main même de celui qui, tout à l'heure, a respecté sa vie et lui a souhaité la bienvenue ; mais pendant qu'il est dans les limites où l'hospitalité s'exerce, il est assuré de la plus complète sécurité.

Le respect que ce peuple a pour ses traditions d'hospitalité n'est égalé que par son amour de ses traditions religieuses.

On peut, on doit même déplorer qu'ils ne connaissent pas l'Evangile ; on les plaint de s'adonner à des pratiques superstitieuses et parfois criminelles, auxquelles ils subordonnent leur vie et dont ils deviennent les esclaves ; mais s'ils ignorent la Religion qui donne la liberté aux adorateurs du Dieu véritable, il faut leur savoir gré de croire à l'existence de puissances supérieures et mystérieuses.

A l'entrée du village, il y a une construction bizarre, appelée *Oka*, dont la forme rappelle vaguement, malgré ses proportions minuscules, nos arcs de triomphe.

Elle se compose de deux piquets longs d'environ deux mètres et rejoints à leur extrémité supérieure par un bâton ou une liane, indifféremment. C'est dans l'intervalle de ces deux piquets qu'il faut pénétrer dans le village, puisqu'une barrière de chaque côté de l'*Oka* ferme la rue dans le reste de sa largeur. Au milieu de la liane, est suspendu un paquet qui contient des osselets, des cheveux ou différents objets auxquels il ne serait pas toujours possible de trouver une expression décente. Ce fétiche jouit d'une influence mystérieuse ; il saura inspirer une crainte efficace aux dieux malfaisants, et les arrêter au seuil du village contre lequel ils méditeraient quelque noir dessein. Au pied de chaque piquet, on a déposé des flèches dont la pointe, mue par quelque pouvoir invisible, se dirigerait contre les esprits mauvais qui voudraient troubler le repos des habitants...

Plus loin, au milieu de la rue, vous êtes en présence du *Nchilo*, où vous trouvez une preuve de la croyance à la survivance de l'âme. Là, se dresse un arbre, le plus souvent un bananier, au pied duquel on jette pêle-mêle les débris de vaisselle, assiettes, pots, bouteilles, etc., afin que l'Esprit qui réside dans le *Nchilo* leur en procure d'autres ; et tout à côté, on a élevé un toit de petite dimension, sous lequel, la nuit, on allume un feu en l'honneur des ancêtres ; on y conserve aussi des restes de ce qui fut autrefois leur corps ; si les Esprits viennent à passer, ils verront *qu'on les honore* toujours dans la tribu ; la vue de ce feu qu'on entretient soigneusement leur fera comprendre que leur souvenir n'est pas près de s'éteindre dans la mémoire de leurs descendants... C'est là que le chef qui s'est fait initier à quelque fétiche considérable, dépose le paquet qui a servi dans les cérémonies de la réception.

Et là-bas, à l'autre extrémité du village, la case du *Bouiti* vous montre son pignon ouvert et les sculptures de la colonne qui soutient le faîtage ; c'est le temple d'une divinité terrible, vous pouvez l'examiner le jour et voir les particularités qu'offre sa construction ; mais la nuit, quand on y accomplit les cérémonies abominables du fétichisme, contentez-vous d'en écouter de loin le bruit tapageur ;

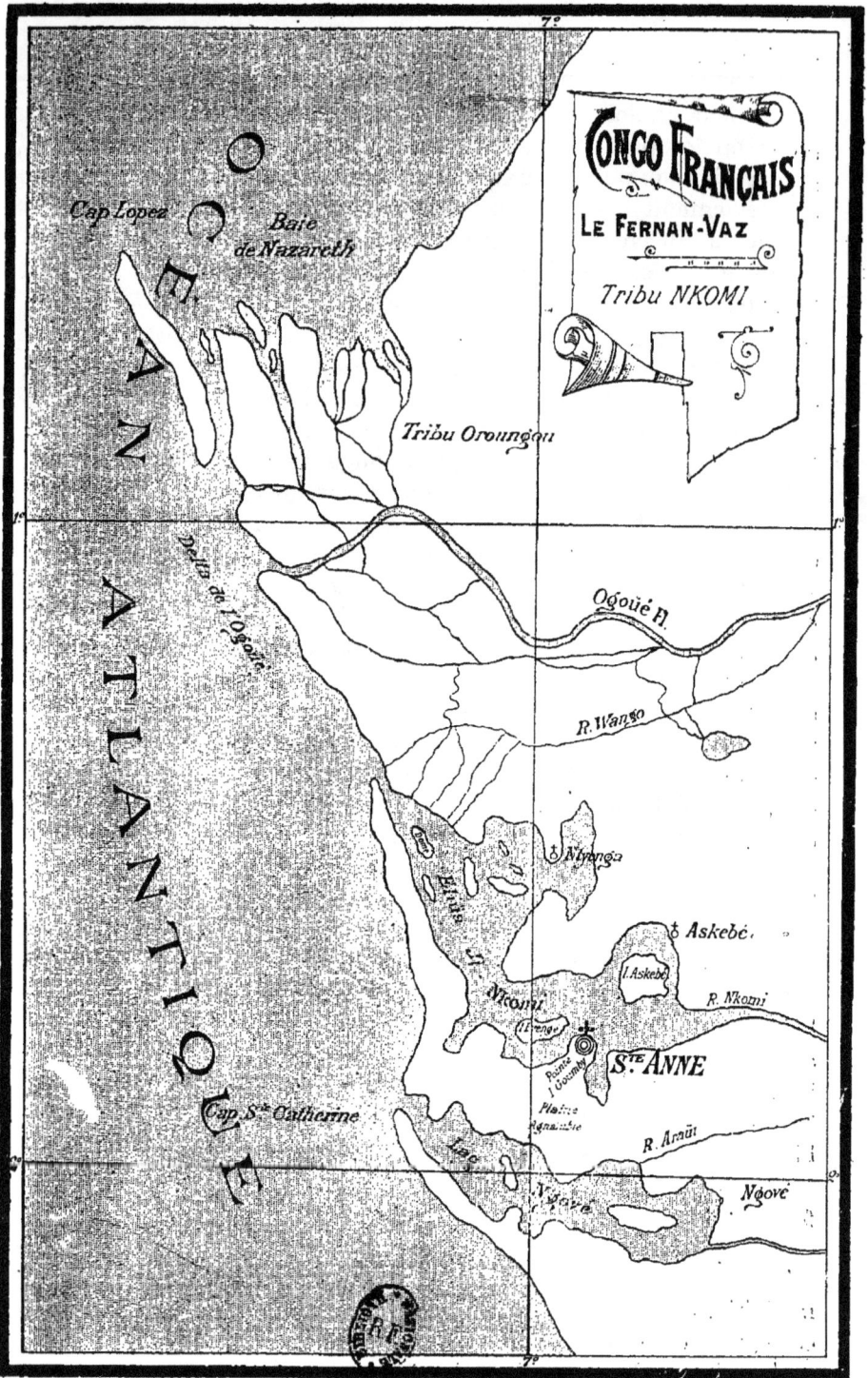

Cap Lopez

Baie de Nazareth

Tribu Oroungou

OCÉAN ATLANTIQUE

Delta de l'Ogoïé

Ogoïé R.

R. Wanso

N'yanga

Askebé

I. Askebé

R. Nkomi

Nkomi

Ste ANNE

Cap Ste Catherine

Pointe I. Ouombi

Plaine Rgnamtie

R. Arnüt

Lac N'gove

Ngove

Cette carte a été dessinée par M. LE TROUHER, de Sainte-Anne.

6

gardez-vous que votre curiosité ne vous porte à vous en approcher ; votre indiscrétion pourrait vous coûter cher. Ces pratiques religieuses ont un côté puéril qui fait sourire ; mais le caractère dominant en est la peur, non pas la crainte respectueuse et raisonnée qui permet de lever la tête vers le ciel, mais la peur qui courbe et asservit.

Rien de plus gai et de plus bruyant que le village aux heures où la chaleur du soleil permet encore de sortir. Jamais vous n'y rencontrerez un enfant contrefait ; pas un dont une jambe soit plus courte que l'autre ou dont l'épine dorsale subisse quelque déviation. Ce spectacle serait de nature à réjouir, si l'on ne savait qu'une coutume semblable à la loi de Sparte condamne à disparaître, immédiatement après leur naissance, les enfants qui montrent quelque vice de constitution. Pour les autres, ils reçoivent de leur mère des soins suffisamment assidus, mais principalement les filles à cause des espérances qu'elles font concevoir.

Pendant leurs premières années, malgré leur turbulence, les enfants ne laissent pas de montrer une très grande gentillesse ; ils aiment beaucoup à provoquer et à recevoir des caresses.

Plus tard, ils entremêlent leurs jeux d'occupations sérieuses. Les filles tresseront des nattes, et les garçons, à l'âge de treize ou quatorze ans, quand ils ne s'essaieront pas à manier la pagaie sur les eaux du lac, planteront des piquets en terre et entrelaceront des feuilles de bambous, tout fiers, le travail achevé, de posséder une case.

Pendant que les femmes s'occupent des plantations et préparent la nourriture, les jeunes gens se livrent à des travaux plus en rapport avec leurs goûts : ils vont à la chasse ou à la pêche, ils construisent des pirogues, élèvent des cases.

Les *Nkomis* possèdent une grande force musculaire ; ils ont cette beauté qui vient, non de la régularité des traits ou de l'expression du visage, mais de la vigueur des membres. « Les Nkomis, » dit M. Berton, administrateur colonial, dans un rapport officiel, « les Nkomis sont d'une teinte plus foncée que les Mpongoués, de taille bien prise, aux formes athlétiques, rappelant celle des Kroumens. »

Et tout ce monde-là est exubérant de joie et de gaieté, comme de force et de vie.

Tournez-vous maintenant, et osez examiner le revers de la médaille. Là-bas, sous la véranda, sont assis ou plutôt affaissés ceux que l'on appelle les anciens.

Parmi eux, il y a parfois de beaux types de vieillards vénérables. C'est l'exception. Le plus souvent, leur vue seule inspire une antipathie qui n'est que trop justifiée par ce qu'on sait de leurs actes ;

leur esprit est fermé à toute idée tant soit peu élevée et le cœur ne s'ouvre plus à un sentiment désintéressé. Quelques-uns entrent bien jeunes, suivant le hasard des circonstances, dans cette période de profond abaissement. Mais lorsque aux signes de la décrépitude physique s'ajoutent les marques de la dégradation morale, on a devant soi un spectacle qui inspire encore plus de dégoût que de pitié. Représentez-vous les débris de ce qui fut un corps humain, la taille courbée, la lèvre pendante, la chevelure roussie au contact du feu par lequel ils cherchent à chasser de leurs membres le froid qui les envahit. Tous ont abusé du vin de palme qui leur a vidé la tête ; tous ont bu l'*alougou* des Européens qui leur a brûlé le sang. Heureux encore quand ils ne se sont pas livrés aux hideuses pratiques du fétichisme et qu'ils n'ont pas de crimes à se reprocher ! La vie semble peser sur eux d'un poids bien lourd. Mais gardez-vous de leur parler de la mort qui délivre. L'au-delà de la vie n'existe pas pour eux. Leur grande préoccupation, c'est de conserver, d'accroître leur fortune et de posséder un grand nombre de femmes. Le seul sentiment qui survive à cette décomposition et qui acquiert de la force dans la mesure même où les autres disparaissent et s'affaiblissent, c'est la rancune, la haine, la vengeance. Ils sont là, sous la véranda, et ils vont s'accorder un plaisir qui, pendant quelque temps, leur fera oublier les misères de l'âge et les regrets de la vie. Ils bourrent le fourneau de leur pipe de chanvre hâché, qu'on nomme tabac du Congo *liamba*. C'est une sorte d'opium dont les effets rappellent ceux du haschich. A ce fourneau s'adapte une très longue nervure de banane qui sert de tuyau. L'opération ne dure guère : le fumeur aspire, par secousses rapides, mais d'un seul trait, toute la fumée que peut fournir l'instrument. Il la laisse ensuite échapper avec volupté, puis il tombe dans une somnolence qui peut durer plusieurs heures. Et cet assoupissement n'est que l'image trop exacte de l'affaiblissement où leur esprit s'endort dans un état intermédiaire de la veille et du sommeil. Aussi quand on voudra changer les mœurs des *Nkomis* et remplacer l'état social dont ils souffrent, il ne faudra pas compter sur l'appui des anciens, ni espérer leur transformation. Il sera nécessaire de ménager leur susceptibilité, et, s'il est possible, de gagner leurs bonnes grâces, à cause de leur incontestable influence et du respect qu'ils inspirent. Mais inutile de vouloir exploiter en eux autre chose que l'égoïsme. C'est aux jeunes qu'il faut consacrer tout son temps ; c'est en eux qu'il faut placer toutes les espérances d'avenir.

Le soir les Nkomis aiment à se réunir. Leur ciel est si beau, même longtemps après le coucher du soleil, la lumière qui tombe des étoiles est si claire et si vive, qu'ils ne résistent pas au désir de rester de longues heures en dehors de leurs cases, et, après les chaleurs de la journée, de respirer l'air du soir si pur, si rafraîchissant, si embaumé. Leur plus grand plaisir est d'entendre alors de la musique.

Ici, ils se rangent, hommes et femmes, debout, en deux lignes, sur la place publique ; au milieu se place un chanteur : il exécute des danses en accompagnant de la voix ses mouvements, pendant que le tam-tam fait entendre ses sons sourds et prolongés. A la fin de chaque couplet, la foule répète en refrain. — Ceux qui n'aiment pas le bruit, se réunissent dans une case, autour d'un joueur de harpe, « *Ngombi* ». Cet instrument, dont le jeu demande une grande habileté, produit un son très doux et assez faible. Les Noirs ne se lassent pas d'entendre cette musique harmonieuse, monotone aussi et légèrement mélancolique, qu'ils entrecoupent d'ailleurs par un refrain coupé à intervalles réguliers. — Parfois ils préfèrent écouter des récits : ces petites histoires allégoriques ne sont souvent, avec des variantes plus ou moins importantes, que le développement de certains thèmes invariables qu'on trouve chez une foule de peuples.

Le chef du village est une sorte de maître absolu, au moins dans les bornes du territoire qui lui est soumis et dans les limites de ses attributions. Son autorité n'est d'ailleurs nullement tyrannique ; il commande et il est obéi comme un père de famille. Ne vous étonnez ni de l'étendue de son pouvoir, ni de la forme patriarcale qu'il revêt. Dans un village on ne trouve guère qu'une seule et même famille avec toutes ses dépendances. Autour du chef se rangent ses femmes, ses enfants, ses esclaves et les esclaves de ses enfants, et ceux des parents de ses femmes qui ont obtenu l'autorisation de se fixer auprès d'elles.

III

La Tribu

COMICES POLITIQUES ET JUDICIAIRES : ÉLOQUENCE

Le chef jouit de son pouvoir en vertu d'une organisation politique qui établit, dans la tribu des *Nkomis*, une unité puissante et une hiérarchie obéie. Pour le comprendre, il faut s'élever au-dessus de l'horizon restreint du village et jeter un regard d'ensemble sur la tribu tout entière.

Elle se compose, avons-nous dit, de groupes considérables, venus de toutes les directions, et qui ont établi leurs forces et leurs intérêts dans une région commune : tels sont les groupes des *Ashovos*, des *Ekamamo*, des *Awandgis,* des *Awandgaliüa*.... Bien qu'ils ne soient pas indépendants les uns des autres, qu'ils soient régis par une législation commune et qu'ils soient en relations continuelles, chacun d'eux a son grand chef, ses ancêtres, son territoire parfaitement délimité.

Tout l'ensemble de cette organisation revêt une couleur féodale assez prononcée. Il s'y montre pourtant quelque chose de nos mœurs parlementaires. Tous les ans, pendant la saison sèche, on se réunit dans quelque plaine ou dans une île déserte. Les comices sont présidés par le grand *Oga*, ou en son absence par un *Oga* inférieur. On construit des cases, car la réunion peut durer des semaines et des mois entiers. C'est là que l'on proclame, devant le peuple assemblé, les changements introduits dans la législation. —Le Code n'est pas difficile à retenir : il tient en quelques articles; on les apprend de bonne heure aux petits enfants, pour leur inspirer l'horreur des crimes que la législation atteint. Le 8 juillet 1887, le roi Oïari Re Ngondo, d'accord avec son grand chancelier, publiait une nouvelle édition de son Code pénal. En voici quelques articles :

« Celui qui tuera sera tué, ou livrera un de ses neveux, ou, à défaut de neveu, vingt, trente et quelquefois cinquante esclaves, selon la dignité de la victime. »

« Celui qui blessera avec le sabre, sauf le cas de légitime défense, aura les oreilles et le nez coupés. »

« Celui qui volera sera condamné à la restitution, et aura une ou deux oreilles coupées, suivant la gravité du délit. »

Le peuple ne trouve pas seulement dans les comices un Parlement qui lui donne des lois, mais encore un tribunal chargé de les appliquer. Un tribunal régulier siège presque constamment dans la plus grande île du lac *(Evenge-Evolu),* et tous les palabres doivent passer par là. Des avocats, versés dans la tradition et les lois du pays, sont chargés, moyennant finances, de plaider les causes. Après ce plaidoyer, le jury se retire gravement dans une case solitaire pour délibérer.

Enfin, souvent, après deux ou trois mois d'assises, le grand juge prononce la sentence ; on condamne à mort quelquefois, pour que le châtiment serve d'exemple et sauvegarde la sécurité de la nation. Lorsque le tribunal a prononcé la peine capitale, l'exécuteur des hautes œuvres donne des ordres à ses esclaves; on tranche la tête au condamné ; on l'expose au bout d'une pique plantée dans la plaine des exécutions; quant au cadavre, on le jette dans la forêt, où il ne tardera pas à être dévoré par les fauves.

* *

Ces palabres, qui sont une de leurs constantes préoccupations et une source inépuisable de rancunes mortelles, révèlent chez

eux un extraordinaire talent de parole. L'éloquence est un des
traits qui caractérisent le mieux leur physionomie et leur cons-
tituent, à coup sûr, une incontestable supériorité.

Aux dons d'un vocabulaire riche, de constructions variées et
d'un parler musical, ajoutez les qualités d'un tempérament oratoire, et vous aurez une idée de l'éloquence des *Nkomis*. Ne vous
figurez pas l'orateur Nkomi enfermé dans une chaire qui l'em-
prisonne, ou élevé dans une tribune qui l'isole de ses auditeurs :
qu'il parle dans une case aux vastes proportions ou qu'il ait à se
faire entendre dans une plaine, il veut toujours avoir ses coudées
franches, et se trouver au milieu de ceux qui l'écoutent. Ceux-ci
tantôt se rangent en cercle autour de lui, tantôt s'échelonnent sur
deux lignes assez distantes. C'est dans l'espace laissé libre qu'il se
promène en parlant. Il n'y est pas toujours seul : dans les débats
judiciaires, un esclave ou un de ses amis se tient à ses pieds, et
lui remet, toutes les fois qu'il a prouvé que la partie adverse lui
devait un objet nouveau (mouton, pagne, etc.), une baguette de
bambou qu'il pique lui-même ou qu'il fait piquer en terre, — jalon-
nant ainsi, dans l'espace où il se meut, son argumentation d'une
manière sensible, et rappelant sans cesse le nombre de ses preuves
et les objets de ses réclamations.

Son discours n'est pas un monologue uniforme, mais un dialogue
animé entre son auditoire et lui, et où il tient la plus grande part.
A chaque moment il est arrêté par des acclamations, des demandes
d'explications, qu'il peut prévoir, il est vrai, mais qui le con-
traignent néanmoins à éclairer les points obscurs. Lui-même il ne
cesse d'interroger. L'interrogation n'est pas pour lui un vain pro-
cédé de rhétorique, mais une réalité saisissante qui tient l'auditoire perpétuellement en éveil. Il s'adresse à tel ou tel auditeur en
particulier, attend qu'il ait répondu, et tire parti de ce qu'il entend
avant de reprendre le fil de son discours. Pour mieux frapper
l'imagination, il n'a guère recours qu'à des allégories, à des para-
boles, à des comparaisons, à des histoires d'ancêtres, qui ne semblent pas avoir grand lien avec la cause à débattre. Tout cela ne
laisse pas d'être bizarre à des étrangers qui n'y voient qu'un
préambule interminable. Mais l'orateur sait devant qui il parle.

Quant à l'action oratoire, proprement dite, elle acquiert chez
quelques-uns une perfection qui nous étonne : ils parlent avec une
facilité et une aisance extraordinaires; malgré l'extrême variété
d'intonations, ils s'expriment toujours naturellement; leurs gestes
sont expressifs et quelquefois singulièrement beaux; et il leur
arrive de rencontrer au hasard des idées qu'ils ont à développer,
des mouvements auxquels des maîtres exercés ne pourraient refuser leur admiration. L'éloquence est une spécialité que leurs voisins reconnaissent eux-mêmes; quoiqu'ils ne possèdent pas tous,

au moins à ce degré, le don de la parole, les *Nkomis* sont réputés beaux parleurs.

IV

Fétichisme

Bien que les causes de leurs dissentions et de leurs débats soient très variées, les difficultés les plus fréquentes — les plus graves aussi — viennent des cas de sorcellerie.

Ici se présente une fois de plus, sans que nous voulions l'éluder cette fois, la question capitale du FÉTICHISME. Le fétichisme sera, avec le mariage, l'obstacle le plus terrible aux progrès de la civilisation. On nous saura gré de dire ici tout ce que des circonstances exceptionnellement favorables nous ont permis d'en savoir. Nous n'avons pas la prétention d'en donner une théorie nouvelle et complète, mais d'exposer des faits dont nous garantissons la rigoureuse exactitude, dussent-ils aller à l'encontre des notions généralement admises.

Tous les peuples de cette région reconnaissent l'existence d'un Dieu unique : ce Dieu, d'ailleurs, ne reçoit ni hommage ni adoration. Il est comme s'il n'existait pas. Les Noirs le regardent comme un être infiniment puissant, qui habite dans une région tellement élevée qu'il ne se soucie guère des affaires de ce bas monde : aussi n'ont-ils établi aucune relation entre eux et lui. S'ils savaient le prier, ils lui demanderaient de ne pas intervenir dans leur vie, et d'imiter la discrétion dont ils font preuve en ne l'importunant jamais de leurs vœux. Il leur arrive pourtant de rompre inconsciemment avec ce déisme vague. Dans un grave danger, ils laissent échapper quelquefois un cri enseveli au fond de leur nature : « O Dieu, venez à mon aide, » et trouvent en eux des points de rattache avec cet infini qui leur paraît être absolument étranger ; ou bien par une inspiration contraire, en proie à quelque grande douleur, ils prononcent des paroles blasphématoires : « Dieu est mauvais, diront-ils, puisqu'il a permis ce malheur. » Ils lui attribuent donc un pouvoir infini, et croient à l'efficacité de son intervention qui peut les protéger ou les perdre. Mais en dehors de ces cas exceptionnels, où ils font à Dieu l'honneur de le nommer, leur vie est un perpétuel oubli de son existence.

Le fétichisme n'est ni un sytème religieux ni une conception philosophique du monde. Il a un domaine propre d'où son action rayonne au dehors, malfaisante et terrible. On ne peut le parcourir sans songer aux cercles de l'enfer. Notre expression n'est pas aussi figurée qu'on serait tenté de le croire. Là, règne en maître écouté et obéi, un souverain dont nous n'avons pas à inventer le nom qui caractérise ses actes. Il s'appelle *Le Mauvais*. N'ayant pu faire disparaître l'idée de Dieu, il a tenté de l'affaiblir et de lui ôter toute valeur réelle ; ne réussissant pas à détruire la notion de l'immortalité de l'âme, il l'a corrompue et déshonorée par d'indignes superstitions ; puis, comme par degrés insensibles, il a amené ceux qu'il avait égarés, à lui rendre un culte presque direct. Si le nombre de ses adorateurs n'embrasse pas l'universalité, l'empire qu'il exerce sur eux est considérable ; celui qui a mis une fois le pied dans le cercle fatal est dans la presqu'impossibilité d'en sortir.

Faire un fétiche, c'est se faire initier, par des cérémonies secrètes, à certains rites au moyen desquels on doit obtenir quelque faveur insigne d'un Esprit dont on reconnaît la puissance. Les grâces qu'on demande sont aussi signalées que les conditions qu'on impose sont parfois monstrueuses : on devient féticheur pour se débarrasser de ses ennemis, vivre longtemps, acquérir de la puissance et des richesses.... On comprend que la tentation soit puissante et que plus d'un s'y laisse entraîner.

Guidé par la vengeance, l'avarice ou l'ambition, un Noir quitte un jour son village, où il ne compte revenir qu'armé du pouvoir mystérieux et redoutable, qui lui permettra de donner satisfaction à ses désirs. Le but de son voyage peut être éloigné : il n'a souvent que trop raison d'aller chercher au loin, et très ordinairement en dehors de sa tribu, celui qui doit lui conférer les merveilleux privilèges. Son absence se prolonge quelquefois plusieurs mois : car la longueur de l'initiation dépend de la nature du fétiche et de l'importance de la faveur à obtenir.

Les cérémonies se font toujours pendant la nuit, dans une case qui n'a été construite que pour abriter les scènes du fétichisme. Tout y prend, les personnages et les actes, un aspect grotesque, quand l'horrible ne s'y ajoute pas, avec je ne sais quoi en plus de cabalistique et d'infernal.

L'initiateur est debout : revêtu d'une peau de singe et de feuillage, tatoué de rouge et de blanc, la tête surmontée d'une immense coiffure, il exécute des danses en chantant. La musique est très belle et on y sent respirer un souffle puissant, quoique mélancolique ; mais comme les paroles ne sont pas très variées et qu'elles reviennent toujours les mêmes à brefs intervalles, on comprend que le chant puisse produire une impression de monotonie, surtout (ce qui peut arriver) quand il dure la nuit entière. Quelquefois, d'ailleurs, on varie les airs. — Les autres initiés présents chantent toujours un refrain.

Le patient est assis par terre, un simple pagne autour des reins et plus tatoué encore que les autres. Souffrant de privations cruelles dont la continuité augmente le danger, soumis à des exigences graduées avec un art savant, prenant part à des cérémonies qui frappent son imagination, tout en le fatiguant par leur longueur ; il s'affaiblit graduellement, il se sent envahir par le côté sombre et mystérieux de l'initiation, il devient une sorte d'halluciné.

Au fond de la case il y a une statue grossièrement sculptée. Sous la statue on a déposé un paquet contenant des ossements d'un homme mort depuis longtemps, et devant elle on a accroché un miroir dont la face réfléchissante est tournée vers les spectateurs. Toutes les fois que l'on procède aux cérémonies de l'initiation, on amène le postulant féticheur devant le miroir et on lui demande : « Que vois-tu ? » Pendant longtemps il est obligé de répondre : « Je ne vois rien. » Tant que sa réponse est négative, l'initiation n'a pas réussi. Mais un beau jour le signe attendu apparaît : devant lui, dans le miroir de l'instrument, il aperçoit l'image d'un homme. Aussitôt on l'amène à l'écart, on lui fait décrire l'homme dont il vient de contempler la figure. Jamais il ne l'avait vu, il n'avait pas pu le connaître, et pourtant il en fait le portrait avec une netteté parfaite et il peut donner toutes les particularités de sa physionomie. Il n'y a pas là de supercherie possible. Au portrait qu'on lui trace, et dont il peut juger la ressemblance, l'initiateur reconnaît l'homme dont les ossements sont recouverts par la statue. Cette épreuve lui permet de conclure que l'œuvre de l'initiation est en bonne voie.

Quelquefois l'initiateur demande une coopération plus personnelle et plus active de la part de celui qui veut se faire initier. S'il s'agit de quelque grand fétiche, il exigera qu'il lui apporte le crâne et quelques ossements d'un de ses parents au premier degré. Libre à lui de choisir les moyens d'action, l'heure et le moment de son crime. On comprend du reste qu'il prenne toutes ses précautions pour écarter de lui tout soupçon ; seulement on entend dire qu'un oncle ou un autre parent de l'absent a mystérieusement disparu ou même qu'il a été assassiné.

Ce n'est que lorsqu'il apporte les preuves matérielles de son crime qu'on accomplit les dernières cérémonies. Les ossements sont jetés dans une marmite avec des herbes et d'autres objets fort malpropres. Quand cet horrible mélange a reçu une cuisson suffisante, on en fait boire un verre au malheureux, au milieu des chants des assistants. On se partage ensuite tout ce qui est resté dans la marmite ; chacun en a son lot. On enferme des osselets dans de vieux lambeaux d'étoffe, on remet ce paquet à l'initié ; c'est le talisman qu'il portera sur lui, qui le préservera des dangers qu'il redoute et lui procurera les faveurs qu'il désire.

Il n'a plus, semble-t-il, qu'à payer l'initiateur et à emporter son trésor si cher et si criminellement acheté. Il reste encore pourtant une dernière cérémonie à remplir. L'initiateur et l'initié sont tous deux acteurs et témoins d'une scène étrange que nous ne voudrions pas décrire si elle n'était aussi certaine qu'elle paraît incroyable. La vie du nouvel initié sera unie dans un rite sanglant à la vie d'un animal qui sera désormais sa bête familière. Il ne s'agit pas d'un animal domestique ou apprivoisé, mais d'un de ces fauves dangereux qui peuplent l'épaisseur de la forêt ou les eaux des fleuves. L'initiateur a pris ses mesures, et il donne un signal : d'abord aucun bruit n'y répond, mais bientôt à la vive clarté de la lune, on voit s'avancer un nouveau personnage vers l'endroit de la forêt où il est attendu : tantôt c'est une masse énorme avec une tête monstrueuse; tantôt une forme féline qui rampe plutôt qu'elle ne marche; parfois aussi un corps long qui se déroule et ondule : l'animal quel qu'il soit, hippopotame, panthère ou serpent, oublie la timidité ou la férocité qu'il ressent en présence de l'homme, et se prête docilement à l'opération à laquelle on veut qu'il prenne part. Alors a lieu l'échange du sang. Comment se fait-il? nous n'avons pas à le chercher. Mais ce qui est hors de doute, c'est qu'on fait couler le sang de l'animal et le sang de l'initié, et qu'on inocule à chacun d'eux le sang de l'autre. L'oreille de la bête est fendue (au serpent on fait une blessure équivalente), pour être le signe du lien qu'elle contracte avec l'homme; à celui-ci on ouvre le bras, et il est à son tour marqué du signe de la bête (1). Une véritable union existera désormais entre eux. L'animal sera à la disposition de celui qu'on lui a donné pour maître. Nous pourrions nommer (serait-ce une indiscrétion?) tel Noir qui reçoit chez lui, la nuit, un vautour et une panthère à l'oreille fendue, et un autre qui admet le soir dans sa case et jusque dans son *Ikoko*, un serpent boa qui reconnaît son autorité. Le jour venu et leurs œuvres achevées, les animaux rentrent dans le lac ou dans la brousse, aussi terribles, plus terribles souvent pour tous ceux dont ils n'ont pas reçu le sang. Cette union est tellement étroite, entre la bête et l'homme, que la vie de l'un dépend de la vie de l'autre. Que d'exemples on pourrait citer ! Avez-vous tué une panthère qui porte le signe, vous ne tarderez pas à apprendre la mort de quelque féticheur. Le féticheur a-t-il succombé le premier, ne soyez point surpris de trouver près de son village, le cadavre de son familier.

(1) Ici nous n'avons pas à tout dire : sur bien des points, le fétichisme rappelle la sorcellerie du moyen âge et de l'époque qui a suivi; et les marques qu'il impose sont exactement celles que portait Urbain Grandier, le grand « féticheur » de Loudun.

Le féticheur rentre enfin dans son village. Mais combien sa situation est devenue différente ! Combien de privilèges il apporte avec lui, et avec quelle facilité il peut donner satisfaction à tous ses désirs. Il se croit invulnérable, et les faits les plus invraisemblables seraient de nature à faire penser qu'il ne se trompe pas ; il acquiert bien vite de l'influence et des richesses, et il voit disparaître ceux dont il désirait la mort ou convoitait les biens (1).

Ne l'oublions pas : malgré leur incontestable supériorité, les Nkomis comme tous les peuples de l'Afrique équatoriale sont un peuple déchu. N'ayant qu'en nombre fort restreint, et sous une forme qui les rend méconnaissables, quelques-unes des vérités qui sont le lot commun de l'humanité ; privés, à part une exception, des arts supérieurs qui élèvent et ennoblissent les nations ; ignorant jusqu'au nom de la charité, de l'amour et du désintéressement, ne possédant aucune notion précise sur leur origine et sur leur fin et ne sentant pas le besoin de se relever de cet abaissement intellectuel, — ils sont vraiment *assis dans les ténèbres*. — Victimes d'une coutume barbare qui, dès le premier jour de leur naissance, ne les laisse vivre qu'à la condition d'être bien constitués ; soumis à une législation plus propre à soulever les haines qu'à les apaiser, et impuissante à les protéger contre les actes de la vindicte privée ; tremblant sous les menaces terribles d'une superstition meurtrière qui les guette à chaque moment et ne les défend que du jour où eux-mêmes deviennent criminels, — ils sentent planer sur eux, depuis le premier jusqu'au dernier jour de l'existence, sans parler de l'au-de-là, *l'ombre terrible de la mort*. — Ils semblent crier vers nous du sein de leurs ténèbres ; et leurs misères prennent une voix pour nous dire : *illuminare his qui in tenebris et in umbra mortis sedent*.

(1) Un jour devant Mgr Bessieux se présenta le grand féticheur du village, qui lui dit : « Je suis plus fort que toi ; prends ton fusil, vise moi en pleine poitrine, je te mets au défi de me tuer... » Le défi était donné en public ; il s'adressait à Dieu plutôt qu'à son missionnaire ; Mgr Bessieux accepta l'épreuve. « Je ne puis pas tirer sur un homme, répondit-il ; mais ce cabri, serait-il protégé par ton fétiche, je réponds de le tuer. — Le sorcier passe aussitôt le fétiche au cou de son cabri, et le missionnaire vise. Son fusil ne ratait jamais !... Eh ! bien, cette fois rien ne répond au mouvement de la gachette ; le coup n'est pas parti ! Pourtant la capsule est bonne ! Il vise de nouveau, inutilement ; le coup ne part pas. Le féticheur ricane, la foule aussi : le *minissè* a le dessous. Alors Monseigneur fait un signe de croix : « Sainte Vierge, s'écrie-t-il, c'est pour l'honneur de votre Fils ! » et il vise une troisième fois. Une détonation se fait entendre, formidable ; le fétiche vole en éclats ; et le cabri foudroyé expire.

Cette puissance du démon ne peut surprendre personne : depuis les relations de saint Pierre avec Simon le magicien jusqu'aux plus récentes manifestations diaboliques, l'histoire de l'Eglise est pleine de ces efforts tentés par Satan pour « singer » les miracles de Jésus-Christ.

LES NKOMIS DEPUIS L'ÉTABLISSEMENT DE LA MISSION

I

Négriers et Philanthropes

La première fois que les *Nkomis* entrèrent en relations avec les prétendus représentants de la civilisation européenne, ils ne durent pas s'en faire une idée bien avantageuse. Les nouveaux venus ne voyaient dans les indigènes qu'un objet de commerce fort lucratif. Pourvus d'armes supérieures, munis d'objets d'échange qui leur permettaient de trouver des complices parmi les chefs du littoral, ils enlevaient les Noirs à leur sol natal, à leurs familles, les jetaient au fond de cale, souvent pieds et poings liés, et les transportaient sous d'autres climats, sans leur donner d'autres soins que ceux qu'on accorde à des animaux pour les exposer avec avantage sur le marché. Des mesures internationales ont aboli la traite des nègres sous cette forme odieuse. Qu'on ne s'imagine pourtant pas que les peuples dont nous dépeçons aujourd'hui les vastes territoires aient toujours à se féliciter de nos procédés à leur égard, et qu'ils ne voient que des bienfaits dans cette civilisation que nous leur donnons en échange. Une polémique toute récente nous a appris que dans un pays voisin de l'Oubanghi, les représentants peu scrupuleux d'un Etat catholique, avaient recours à d'étranges moyens de colonisation, et que les indigènes, si on ne voulait pas renoncer à cette méthode, tomberaient bien vite dans un état inférieur à celui d'où on voulait les faire sortir. Considérés autrefois comme du bois d'ébène, il est à craindre qu'ils ne soient aujourd'hui traités comme des *produits*. Et celui qui nous a fait ces tristes révélations, n'a voulu soulever qu'un coin du voile cachant des horreurs et des atrocités que sa plume se refusait à écrire (1). On conçoit l'exaspération des Noirs et la haine qu'ils ressentent contre des étrangers qui, non contents de conquérir et d'exploiter leurs pays, les traitent eux-mêmes au mépris de toute humanité. Aussi lorsque les Anglais vinrent créer des factoreries dans le Fernan-Vaz, ne furent-ils pas bien accueillis.

(1) Voir l'*Univers* du 24 octobre 1894.

Les difficultés s'aplanirent peu à peu, quand les *Nkomis* s'aperçurent que ces établissements favorisaient leurs intérêts autant que
ceux des étrangers. Ils y virent un double avantage : le pouvoir de
se livrer à un travail rémunérateur, et la faculté d'échanger les
denrées du pays (caoutchouc, ivoire, ébène, huile de palme), contre
les produits européens. Heureux si ces maisons de commerce ne
leur avaient fourni que des occasions de s'élever et de s'instruire,
ou que des objets de consommation utiles ou du moins inoffensifs.
Il y eut surtout un Américain, nommé Lawler, dont les bienfaits
les réconcilièrent avec les gens sans couleur : « Son souvenir ne
s'est pas encore effacé de la mémoire des *Nkomis*. Ils le considèrent
comme un dieu. Durant de longues années, il vécut parmi eux
comme un père, parlant leur langue, se mêlant à eux, leur enseignant l'agriculture et le commerce. A certains jours, il faisait
préparer dans une plaine, non loin de sa factorerie, d'immenses
banquets où il invitait jusqu'à trois cents indigènes. Sa mort fut
pleurée par toute la tribu et le lieu de sa sépulture est considéré
comme une terre sacrée ; il est interdit d'y couper une branche ou
d'y construire une habitation. » Son grand mérite a été de faire
entrevoir aux *Nkomis* un genre de vie différent dont ils n'appré-
ciaient encore que les avantages matériels, et de leur inspirer le
désir d'y participer dans une plus large mesure.

On sait, du reste, que la philanthropie livrée à elle-même, sans
autre fondement que je ne sais quel amour vague de l'humanité, est un moyen insuffisant de vraie civilisation. Elle pourra
posséder une certaine efficacité dans la sphère bornée des biens
matériels ; mais lorsqu'on veut accomplir l'œuvre essentielle de
la civilisation, c'est-à-dire déraciner les superstitions séculaires,
bouleverser de fond en comble les institutions d'un peuple qui y
tient comme à la vie, il faut de toute nécessité, se présenter au
nom de la vraie religion qui seule peut remplacer par des vérités
les erreurs qu'on détruit, et substituer aux institutions qu'on veut
abolir, des mœurs nouvelles et une législation bienfaisante. Seule
la vraie religion possède ces éléments indispensables de la civilisation sérieuse, comme aussi le secret de leur donner leur plein
et entier développement.

II

Le Missionnaire

Les *Nkomis* avaient souvent entendu parler des missionnaires :
les tribus voisines leur avaient appris quels biens ils apportent
aux peuples chez lesquels ils s'établissent ; plusieurs de leurs chefs

avaient été eux-mêmes témoins des œuvres entreprises au Gabon, par les Pères du Saint-Esprit, et depuis ils désiraient ardemment les voir aller chez eux. Bravant les flots de l'Océan et les dangers d'un lointain voyage, à plusieurs reprises ils allèrent jusqu'à Sainte-Marie-du-Gabon, résidence du vicaire apostolique, pour lui demander des missionnaires. La modicité des ressources et le manque de personnel empêchèrent longtemps Mgr le Berre de satisfaire à leur désir. Ils lui firent écrire des lettres par des Européens de passage, et jusque par le douanier qui résidait près la factorerie anglaise de Mpando. Enfin le roi *Nkanghé* vint lui-même au Gabon, vers la fin de l'année 1886. Nkanghé, par ses qualités personnelles autant que par sa naissance, est un des principaux personnages de la tribu : de la famille des *Awogos* et neveu du grand *Oga,* auquel il peut succéder un jour, orateur habile, discuteur impassible, esprit ingénieux, ne craignant personne et respectant tout le monde, il jouit de l'estime universelle. Pour mieux réussir dans sa mission, et montrer le prix qu'il attachait au bienfait qu'il venait solliciter, il apportait un cadeau princier : il offrit à Mgr le Berre deux poules, un perroquet vert, quelques nattes. Vers la même époque, M. Ballay, gouverneur du Gabon, mettait à la disposition du vicaire apostolique, une allocation de 2,000 francs en vue d'un établissement au Fernan-Vaz, à la condition d'y bâtir une école. Dès lors on parla fréquemment d'un projet de fondation dans le Fernan-Vaz. Cédant à tant d'instances et triomphant de ses répugnances, Mgr le Berre accorda 'autorisation si longtemps demandée, le 18 février 1887.

On ne perdit pas de temps : quinze jours plus tard tous les préparatifs étaient terminés; il ne restait qu'à prendre le paquebot anglais qui devait faire escale à Mpando (1).

Ils n'étaient guère nombreux, les soldats qui commençaient cette campagne formidable, quoique pacifique, et voulaient conquérir tout un peuple à la civilisation chrétienne : sans parler de deux ou trois Noirs, qui devaient remplir les offices inférieurs — un Frère auxiliaire, et deux missionnaires, le R. P. Bichet, supérieur, et le R. P. Buléon. Ils ne disposaient que de fort modiques

(1) Le P. Buléon a raconté ce départ dans une lettre à ses amis de Sᵗᵉ-Anne, avec sa bonne humeur habituelle : « ... Quinze jours plus tard, les préparatifs étaient achevés, les malles fermées, les valises bouclées ; nous étions prêts à partir. La caravane était fort pittoresque, sans parler des lits, des couvertures et de quantité de vieilles caisses, qui, à travers leurs fentes semaient un peu partout des pommes de terre, des haricots et cent autres bagatelles de ménage. Le P. Bichet et le Fr. Gustave veillaient à l'embarquement de nos antiquailles sur le paquebot anglais ; moi j'étais chargé du personnel, qui se composait de deux ou trois Noirs auxiliaires, de poules, de canards, et de deux « messieurs habillés de soie. » Chacun était libre de parler sa langue, et chacun en usait. Le cuisinier faisait à sa femme des adieux touchants, le menuisier comptait ses outils et me les recommandait cent fois, les poules caquetaient comme c'est l'habitude de ces dames, les messieurs grognaient, le capitaine du paquebot s'impatientait ; et les passagers, à chaque nouvel article, roucoulaient un « aoh ! » moqueur... Moi je riais dans ma barbe. » (1888.)

ressources ; et les Anglais qui, à la vue de leurs modestes bagages,
ne pouvaient retenir des exclamations moqueuses, étaient loin de
se douter que leurs compagnons de voyage étaient les ouvriers
d'une entreprise aussi colossale. Pour eux, ils allaient simplement
de l'avant. Le travail et la lutte contre les difficultés étaient la
première et la seule essentielle partie de leur programme ; — le
succès, s'il était possible, la dernière et la seule éventuelle. S'il
fallait en juger des sentiments de tous par les sentiments de celui
d'entre eux que la Providence destinait à être l'âme de l'entreprise,
ils avaient dans le cœur une espérance invincible. Lui, la puisait,
non dans la conscience de sa force, mais dans une idée qui, après
avoir, à son insu, sourdement germé dans son esprit, avait pris
peu à peu une forme plus précise et s'était naguère montrée à lui
comme une résolution qu'il s'agissait maintenant d'exécuter.......

... Et pendant que le paquebot traversait à toute vapeur l'estuaire
du Gabon et suivait la côte qui sépare le cap Lopez de la station de
Mpando, il laissait ses compagnons admirer les merveilles à peine
entrevues de ce pays mystérieux ; son esprit se reportait en
arrière, bien loin, vers un autre pays, et il évoquait des souvenirs
bien chers et des images différentes de celles qui sollicitaient à
chaque moment l'attention de son regard.

Il les revoyait comme s'il les avait encore là, sous les yeux,
l'humble village breton et la maison où il avait laissé sa mère. Il
n'avait pas voulu apprendre à sa mère qu'elle le voyait pour la dernière fois, et pour lui épargner les tristesses et les larmes de l'adieu,
il s'était privé de la consolation de l'embrasser... Puis, sans regarder derrière lui, il était parti, accompagné de son frère.

Comme ils n'avaient pas de secrets l'un pour l'autre, ils par-
laient, comme peuvent parler les prêtres, de la séparation
prochaine qui pouvait être la dernière : l'un songeait au pays où
il allait laisser les siens, et l'autre au pays que son frère allait
évangéliser... Et ils marchaient, devisant par les champs labourés,
par les chemins creux, par les landes stériles.

Tout à coup, leurs regards découvraient, au milieu de la plaine,
un magnifique édifice, le sanctuaire le plus vénéré de la Bretagne
entière ; à côté se dressait l'immense tour de granit, le trône
aérien que la piété des Bretons a élevé à leur patronne et reine, et
là-haut, tout là-haut, presque perdue dans les nuages, la statue
de sainte Anne enveloppée dans son manteau d'or, dominant d'un
côté la plaine tranquille, et de l'autre la mer tourmentée qui
baigne la côte d'Armorique... A côté de l'insigne basilique,
d'autres constructions se voyaient encore. A l'ombre de l'église et
de la tour, s'élève une des maisons d'enseignement les plus florissantes. C'est là que tous deux avaient terminé leurs études et

trouvé des tournants de chemin qui devaient arrêter l'un dès le premier pas, et conduire l'autre si loin...

Et la même pensée leur venait à l'esprit : il fallait, dans le pays noir que les Européens se disputent par les armes et la diplomatie, conquérir pacifiquement et sans nuire à aucun intérêt, un nouveau fief qu'on rattacherait aux domaines déjà si riches de Sainte-Anne ; il fallait, au milieu des tribus qui n'ont que des villages, bâtir un village plus beau qui porterait son nom, élever en son honneur une église qui serait la plus belle de la contrée, et grouper autour du sanctuaire de la Souveraine, un peuple qui rattacherait à l'idée de son culte le souvenir de la civilisation reçue. N'avait-on pas déjà fondé dans le Nord de l'Amérique une célèbre colonie de Sainte-Anne d'Auray, et l'œuvre était-elle plus difficile à établir dans les régions voisines de l'Equateur ? N'étaient-ce pas précisément des Bretons qui avaient déposé sur les bords du Saint-Laurent le germe d'une dévotion qui devait prendre plus tard un si grand développement ? Et le Canada français, si fier de conserver la langue et les traditions du passé dont il a été détaché, ne se glorifie-t-il pas aussi de compter parmi ses plus belles gloires nationales le magnifique pèlerinage de Sainte-Anne de Beaupré ?

Cette pensée avait consacré leur dernier entretien, dont elle devait être le plus vivant souvenir. Et quelques jours plus tard, lorsque l'un d'eux prenait la mer et voyait décroître derrière lui les rivages de la patrie, il sentait son cœur fortifié par trois amours qui n'en faisaient qu'un ; il envisageait l'avenir avec moins de crainte et de tristesse, en se promettant qu'il serait à la fois le missionnaire de Dieu, de la France et de sainte Anne...

Du Gabon, où il venait de passer un an auprès du vicaire apostolique, il avait préludé à l'accomplissement de son rêve : sous la direction de Mgr le Berre, il avait fondé un petit Séminaire indigène et fait construire un petit oratoire en l'honneur de sainte Anne : ces humbles bâtiments lui paraissaient l'image — oh ! bien affaiblie ! — du magnifique établissement qu'il avait laissé, là-bas, en Bretagne, comme aussi de celui qu'il projetait de créer. Et il attendait qu'un champ plus vaste d'expérience vint s'offrir à son zèle.

Cependant, les nombreux amis qu'il avait au petit Séminaire de Sainte-Anne d'Auray, n'avaient pas été sans connaître ses projets. Ils s'étaient promis, non seulement d'en suivre avec intérêt l'exécution et les progrès, mais d'y contribuer ; aussi, bientôt après, une magnifique statue de Sainte-Anne, presque en tout semblable à la statue miraculeuse, s'embarquait à son tour et prenait le chemin du Gabon.

Avec quelle joie le jeune missionnaire l'avait reçue ! Elle lui rap-

Entrée du village de Sainte-Anne du Fernan-Vaz.

pelait la patrie absente, elle lui donnait la preuve d'une sympathie qu'il savait encore mieux apprécier sur la terre étrangère, il y voyait surtout le signe visible du lien qui devait rattacher la Mission qu'il se proposait de fonder, au sanctuaire vénéré à l'ombre duquel il avait eu le bonheur de grandir.

Il avait toujours veillé sur elle avec un soin jaloux. Jamais il ne l'avait perdue de vue. Et voilà qu'elle l'accompagnait sur le paquebot anglais ; elle allait avec lui conquérir un pays inconnu, et être le témoin de la réalisation de sa promesse.

Le moment était enfin venu. Il avait fallu un concours de circonstances tout à fait providentiel pour que Mgr le Berre lui eût donné l'autorisation de faire partie de l'expédition. Toutes les difficultés avaient été aplanies et, dans quelques heures, il mettrait le pied sur une terre où il espérait étendre l'influence française, en la consacrant à la Sainte qu'il avait choisie comme protectrice de ses travaux. Avec la confiance que donnent la jeunesse et la foi, il échafaudait de vastes plans d'avenir. Lui et ses compagnons croyaient même voir l'œuvre réalisée, et telle qu'elle serait après quelques années de labeur. Comme les difficultés ne leur avaient pas encore paru, leur imagination se donnait facilement carrière.

. . . .

III

La Mission de Sainte-Anne

LA PREMIÈRE CASE ; LA PREMIÈRE MESSE ; LES PREMIERS TRAVAUX

Bien que l'ambition des missionnaires de plus en plus insatiable, à proportion des satisfactions qu'elle reçoit, se tourne vers l'avenir plein de promesses, ils n'oublient pas de regarder derrière eux, et de se rappeler les étapes qu'ils ont déjà parcourues. Les épreuves sont nombreuses dans ce premier chapitre de l'histoire de leur mission, mais les leçons y abondent aussi, et les joies n'y sont pas absolument rares. Le principal intérêt de ces souvenirs, comme aussi un puissant motif d'encouragement qu'ils y puisent, c'est la coïncidence frappante — pourquoi ne pas dire providentielle ? — entre les évènements les plus importants de cette période, et les dates du calendrier les plus chères à leur cœur, — celles qu'ils auraient prises de leur libre choix pour y rattacher leurs plus doux souvenirs.

De Mpando où le paquebot les avait déposés, il leur fallut franchir, au prix de mille difficultés l'isthme qui les séparait du lac

Eliüa-ji-Nkomi, et quatre lieues de mer environ, avant d'arriver au but dernier de leur voyage. Ce ne fut que le 6 mars, vers sept heures du soir qu'ils débarquèrent à la pointe *Igoumbi.* Il pleuvait. Prévenus de leur arrivée, quelques Noirs étaient accourus; mais dans leur empressement, il y avait plus de curiosité que de véritable sympathie. Au milieu d'eux, Nkangé triomphait. N'était-ce pas à lui qu'on était redevable de l'honneur de posséder enfin des missionnaires et des incomparables bienfaits qu'ils répandraient sur la tribu? Et les Noirs le regardaient avec admiration. Leurs illusions n'étaient pas encore tombées : tous se faisaient une singulière idée de la puissance de leurs nouveaux hôtes, et ils comptaient, sans doute, au nombre de leurs merveilleux privilèges, celui de n'être pas soumis aux mêmes nécessités que les autres mortels. Ce jour là, on ne put observer vis-à-vis des étrangers toutes les lois de l'hospitalité. Le village à moitié abandonné où ils avaient abordé, n'avait plus de case de réception : on ne put mettre à leur disposition qu'une misérable hutte : un toit de bambous transparent par endroits, et reposant sur huit piquets d'une solidité douteuse : voilà en quelques mots la description détaillée de ce hangar ouvert à tous les vents. Ils y entassèrent pêle-mêle leurs bagages et y installèrent trois pliants-lits dont ils avaient eu soin de se munir. C'est là qu'ils devaient habiter pendant trois semaines. Si étroit que fût leur logement, des hôtes singuliers, dont la visite n'était pas sans leur causer quelque surprise, venaient le leur disputer : s'ils levaient les yeux, ils risquaient de voir suspendu au faîtage quelque serpent qui tournait vers eux sa tête menaçante : par en bas, c'était l'invasion de colossales fourmis rouges qui, attirées par l'odeur de cuisine, s'avançaient en troupes innombrables vers leurs lits, et ne consentaient à se retirer qu'après s'être gorgées de sang : leurs morsures donnaient parfois lieu à des incidents d'un haut comique, mais absolument inénarrables. Heureux encore de ne pas voir arriver une panthère qui, on le leur avait dit, avait établi depuis quelque temps dans le pays le centre de ses excursions nocturnes, et jetait la terreur dans les villages environnants !

Le lendemain, le premier coup-d'œil qu'ils jetèrent autour d'eux, leur apprit qu'ils étaient dans un pays admirable : devant eux, le lac dont les eaux s'éclairaient des premières lueurs du matin ; derrière eux, la forêt profonde, presque impénétrable dont ils entendaient déjà les sourdes rumeurs.

Ils durent s'arracher à la beauté du spectacle pour se livrer à une occupation où l'esthétique ne joue pas un grand rôle. Bientôt, des malles ouvertes, des caisses déclouées, des sacs éventrés sortirent toutes leurs richesses. Les Noirs étaient dans l'ébahissement, à la vue de tous ces objets nouveaux pour eux. Mais, la chose qui provoquait surtout leur admiration, était celle que les missionnaires ne prenaient qu'avec précaution : c'était la statue de sainte Anne. Celui-ci disait que c'était le bon Dieu, celui-là affirmait que c'était sa Mère ; un autre désignant la statuette de la Vierge accolée à la première, s'écriait : « Regardez sa fille, elle est encore bien petite. » — « Oui, mais elle grandira, ajoutait un quatrième. » Cependant, au moment où la statue sortait intacte de son ancienne malle d'écolier qui la contenait, le missionnaire oubliait ce que la scène avait de vulgaire et la naïveté de ces exclamations. Son esprit était ailleurs... Ce jour-là même, — le 7 mars, — et à l'heure où la statue faisait son apparition sur la terre des Nkomis, une des églises de Bretagne, celle-là même dont il était l'enfant, célébrait une fêt' bien touchante, et rappelait dans ses offices qu'un pauvre laboureur avait découvert, sur un signe venu d'en haut, une statue miraculeuse, dont celle-ci n'était précisément que le souvenir et la reproduction.

Ce jour-là, au Petit-Séminaire et au village de Sainte-Anne, d'où lui était venu ce souvenir de la patrie absente, de nombreux fidèles se prosternaient devant les restes de la statue vénérée, dont l'invention avait consacré le culte de sainte Anne en Bretagne, et déterminé un mouvement de pèlerinage qui va sans cesse grandissant. Ce jour-là les prêtres, ses amis de là-bas, dans les prières officielles que leur Eglise leur met sur les lèvres, prononçaient ces paroles qui lui semblaient plus significatives encore, et paraissaient emprunter aux circonstances où lui-même invoquait pour la première fois le nom de sainte Anne, en ce pays nouveau, une solennité plus grande et une portée plus considérable : « *Anna, pia mater Matris Christi, protege terram quam elegisti :* O sainte Anne, mère de la Mère de Dieu, couvrez de votre protection cette terre que vous avez choisie... »

A la prière, il fallait joindre le travail, et l'on se mit à l'œuvre.

Ce qui s'imposait d'abord, c'était l'acquisition d'un terrain où l'on construirait, au hasard des circonstances et dans la mesure des ressources dont on disposerait, l'établissement central de la Mission. On s'adresse à la *gens* Ekamamo à qui appartenait la presqu'île. L'accord fut bientôt fait. Un acte notarié, signé sur les lieux mêmes, et qui devait plus tard être enregistré à Libreville, conférait aux missionnaires la propriété d'un terrain rectangulaire qui s'étendait sur un kilomètre de côté et qui, dans l'intérieur, allait à la distance de deux kilomètres. — Restait à abattre ces arbres dix fois séculaires, dont l'extraordinaire végétation avait formé une forêt où les fauves seuls pouvaient se frayer un passage. En attendant que le déboisement fût achevé, il était nécessaire de se procurer une installation moins précaire que celle du premier jour : il fallait construire une chapelle, bâtir une maison d'habitation convenable, élever des cases pour recevoir les enfants dont l'instruction leur serait confiée.

Les missionnaires comprirent qu'ils ne pouvaient d'eux seuls exécuter ces travaux gigantesques. Ils trouvèrent très naturel de s'adresser à la bonne volonté des Noirs et de solliciter leur concours : venus dans l'intention de leur consacrer leurs travaux, leur temps, leur vie même, ils crurent qu'ils ne refuseraient pas de coopérer, au moins matériellement, à une œuvre qui ne visait, après tout, que leur utilité. C'était une illusion.

Dès le début, s'ouvrit l'ère des difficultés.

Les *Nkomis*, comme tous les indigènes d'ailleurs, se faisaient une singulière idée du missionnaire. Ils devaient le définir en eux-mêmes, « un homme blanc, au pagne noir, dont le métier est de nous faire du bien. » Ils le croyaient pourvu de ressources de toutes sortes, et riche de trésors inépuisables, et il n'avait, à leurs yeux, d'autre fonction que de leur verser à plein verre « l'*alougou*, » et, semblable au philantrope Lawler, de leur dresser d'immenses banquets où ils n'auraient qu'à s'asseoir. Esclaves de leurs besoins matériels, ils ne pouvaient concevoir qu'il eût renoncé lui-même à tous ces biens qui, pour eux font le prix de la vie, afin de venir leur faire connaître la religion véritable, et leur montrer un idéal qui les ferait rougir de l'état dégradant où ils étaient tombés... N'y a-t-il pas, d'ailleurs, nombre de gens civilisés en Europe qui se font la même conception du prêtre et du religieux ? Leur cerveau était réfractaire à l'idée du désintéressement, et ils s'imaginaient volontiers que le missionnaire recevrait plus tard, chez les siens, une compensation qui le dédommagerait complètement des sacrifices momentanés qu'il s'imposait. Ce n'est que par un progrès presque insensible, qu'ils arrivèrent à comprendre que la vérité est le plus grand de tous les biens, et celui auquel tous les autres s'ajoutent comme par surcroît.

Aussi, lorsqu'ils eurent constaté que les missionnaires étaient aussi pauvres qu'eux-mêmes et que, loin de les combler de biens, ils avaient recours à leur obligeance, ils firent rapidement le vide autour d'eux : naturellement cupides et intéressés, ils accablaient les Blancs de protestations d'amitié, mais refusaient tous les services qu'on leur demandait à titre gratuit : « Allons, Nkoma, aide-moi à porter cette caisse. — Oh ! certainement ! Oh ! ma mère ! qu'elle est lourde !... Attends que j'appelle mon frère à mon aide... » Et Nkoma ne revient que quatre heures après. — « Ogoula porte cette hache dans la case. — Que me donneras-tu pour ma peine ? — Tu te dis mon ami : entre amis, ces services-là ne se paient pas. — Oui, oui, je comprends ! le temps de prendre ma pipe et je suis à toi ; ah ! mais, comment donc ! » Et Ogoula ne reparaît que deux mois après.... Parfois le sommeil des Pères était brusquement interrompu pendant la nuit : c'étaient les Noirs qui venaient demander de l'eau-de-vie, criant que si on ne leur donnait pas satisfaction, ils ne travailleraient pas. On ne les écoutait pas et le lendemain ils se mettaient en grève et ne reparaissaient plus.

Devant cette indifférence et cette évidente mauvaise volonté, les missionnaires ne durent compter que sur eux-mêmes : ils se résignèrent à dépenser dès le début les ressources dont ils comptaient se faire une réserve pour l'avenir. Des ouvriers indigènes furent engagés à très haut prix. Le travail fut promptement organisé : pendant que les uns perçaient des routes, d'autres construisaient des cases, d'autres enfin s'attaquaient aux arbres de la forêt. Le bruit de la hache se mêlait aux chants variés que les ouvriers tiraient de leur répertoire. On gagnait peu à peu du terrain sur l'immense forêt qui semblait ne céder qu'à regret. Quand les arbres eurent été abattus, on y mit le feu et l'incendie acheva le travail de la hache. La plaine s'éclaircissait peu à peu et bientôt à l'endroit où se dressait, pleine de mystères et de dangers, une forêt quasi impénétrable, on ne voyait plus qu'un immense monceau de cendres. Il ne restait qu'à faire les plantations et à élever des édifices.

Moins d'un mois après leur arrivée à Igoumbi, les missionnaires possédaient une maison confortable, autour de laquelle vinrent se grouper successivement, dans une enceinte formée par une barrière de clôture quatre ou cinq autres cases qui devaient servir d'école, d'atelier, de dortoir, de réfectoire pour les élèves. Comme la plupart de ces constructions n'étaient que provisoires, elles étaient loin d'avoir toutes les commodités désirables. La maison principale était plutôt un magasin qu'une demeure d'habitation proprement dite. On couchait dans la véranda. L'installation n'avait rien de banal : pour éviter les morsures des terribles fourmis, on plaçait les pieds des lits-pliants dans des boîtes en fer blanc remplies d'eau. Vaine précaution ! l'ennemi savait franchir les fossés et montait à l'assaut de la place. Sous le coup de leurs blessures répétées on se réveillait en sursaut, on faisait un mouvement trop brusque.... la forteresse s'écroulait et l'on se retrouvait par terre au beau milieu des assiégeants.

A l'une des extrémités, le toit se prolongeait et venait reposer sur quatre piliers ; au-dessous, une planche servant de table et une natte : c'était la salle à manger et en même temps la salle de réception. Tout à côté se dressait l'autel : pendant le jour, un rideau le dissimulait aux yeux ; le matin venu, on tirait le rideau ; et le pays tout entier, aussi loin que le regard pouvait s'étendre, devenait une immense et magnifique chapelle où l'on offrait le saint sacrifice. Quelque temps après, il y eut une chapelle en bambou de quinze mètres de long et six mètres de large, qui ne laissait pas d'être gracieuse dans sa simplicité. Mais la chapelle et la maison devaient disparaître pour faire place, l'une à une construction venue de Glascow, l'autre à une église en fer sortie d'un des meilleurs ateliers de Paris.

« Il ne faut jamais négliger, dit un philosophe allemand, de cultiver son jardin. » Voilà une recommandation que nos missionnaires se sont bien gardé d'oublier; dans les premiers temps, ils se sont plus occupé de leur jardin que de philosophie. On peut s'étonner en Europe qu'un homme, chargé d'une si haute mission, s'adonne à des travaux vulgaires, indignes en apparence, incompatibles avec ses autres fonctions; mais qu'on se rappelle que les missionnaires, livrés à eux-mêmes, se voyaient obligés de pourvoir à leur propre subsistance et à celle des enfants qui leur étaient confiés, qu'ils avaient à donner l'exemple aussi bien que le précepte du travail à un peuple qui ne sait pas tirer parti de la fertilité du sol, enfin que la nourriture indigène se réduit à deux ou trois éléments dont il est nécessaire de rompre la monotonie nuisible aux estomacs qui n'y sont pas habitués; et l'on comprendra qu'ils imitent les moines du moyen âge, qui ne commençaient leur œuvre de civilisation qu'en défrichant les terres incultes, qu'en demandant au sol, où ils élevaient leur tente cénobitique, les productions qu'il pouvait fournir.

Aussi avec quelle sollicitude ils veillent sur leurs premières semences! avec quelle joie et quelle complaisance ils énumèrent les premières productions d'un pays où ils espéraient recueillir des fruits d'un autre ordre et plus précieux : choux, navets, carottes, salades, haricots, concombres, tomates, aubergines.... « On ne voit que des champs plantés de bons légumes » .... Et, à côté, d'immenses plantations de maïs, de patates, de bananes, de manioc, dont les récoltes allaient s'entasser dans leurs magasins, et fournissaient une nourriture abondante à eux-mêmes et à leurs ouvriers (1).

Il ne suffisait pas pourtant d'enrichir et d'approvisionner la Mission; il fallait aussi l'orner et l'embellir. Quinze cents pieds

---

(1) « .... La pointe Igoumbi n'était qu'une forêt d'arbres séculaires; nous avons tout coupé ou brûlé, et la forêt est devenue une plaine fertile où nous commencerons, en mai prochain, de vastes plantations qui nous permettront de pourvoir à la nourriture de nos enfants... Déjà depuis trois mois nous avons un petit potager qui nous procure le régal de manger navets, choux, carottes, concombres et aubergines; et nos tomates sont aussi grosses que celles de M. l'Econome en son jardin de Sainte-Anne d'Auray.... Je prends plaisir à cette vie de moine laboureur, dont la poésie me séduisait jadis au collège, quand je lisais les *Moines d'Occident*, et dont l'austère réalité, loin de m'abattre, me donne plutôt un renouveau de vigueur et d'entrain. Vers neuf heures, quand le soleil devient trop brûlant, on fait rentrer les petits travailleurs; on quitte la bêche pour la plume, et l'ouvrier devient instituteur... Le soir, on monte en pirogue pour aller faire visite aux gens du pays... » (*Lettre du R. P.* BULÉON, *sept.* 1887.)

d'arbres, venus du Sénégal, d'Europe, d'Amérique, avaient d'abord
formé une riche pépinière. Depuis, on les a transplantés dans les
cours, dans les allées, en dedans et en dehors de la clôture. Aujour-
d'hui, on ne voit de tous côtés que des cocotiers, des mandariniers,
etc., qui poussent avec une extraordinaire vigueur et donnent de
l'ombre tout en charmant le regard.

Cependant le P. Buléon, armé d'une boussole, osait, malgré les
avis contraires, et au risque de s'égarer dans une direction sans
issue, ouvrir une trouée dans l'immense forêt, pour aller, au-delà,
rejoindre les plaines d'Agnambié; aujourd'hui, une spacieuse
avenue de cinq kilomètres donne l'ombre et le frais au voyageur
qui se rend de la Mission aux plaines. Cette grande artère permet
de communiquer plus facilement avec les nombreux villages de
l'intérieur et fait découvrir les arbres les plus précieux pour les
travaux de charpente et de menuiserie. Deux autres chemins,
partant du lac, contournent la propriété dont ils forment la limite
à l'ouest et à l'est.

Ces travaux n'ont pas été l'œuvre d'un moment; ils ont demandé
bien des jours et coûté bien des peines. Mais quelle joie de voir les
progrès de l'établissement qui se développait de jour en jour et
recevait à chaque moment un embellissement nouveau. Quel
bonheur surtout de constater le changement de dispositions que
produisait autour d'eux la vue de ces améliorations inconnues au
Fernan-Vaz. L'impression sur les Noirs fut immense. De tous les
points de l'Eliüa, ils se donnaient rendez-vous à la pointe *Igoumbi;*
ils voulaient contempler l'œuvre des missionnaires. Il leur était
impossible de ne pas concevoir de l'admiration et du respect pour
ces hommes dont la persévérance et la puissance d'organisation
savaient vaincre des difficultés colossales et opérer des transfor-
mations dont l'idée ne leur était même pas venue. Ils s'intéres-
saient comme malgré eux à une œuvre dont les premiers résultats
les étonnaient, et ils se demandaient entre eux si des merveilles
nouvelles et plus grandes encore allaient répondre à de si beaux
commencements. L'idée que les hommes qu'ils avaient reçus dans
leur tribu ne ressemblaient pas aux autres germait aussi dans leur
esprit et elle s'est de plus en plus développée, grâce aux innova-
tions que le temps a permis depuis de réaliser.

Le 26 juillet 1887, jour de la principale fête de sainte Anne, —
encore une date à remarquer — arrivait en vue de Mpando le
navire qui portait les matériaux tout préparés de la maison d'habitation définitive. A la Mission, on organisa immédiatement une
caravane de cinquante Noirs pour transporter ces matériaux de
l'Océan jusqu'au lac. Il y a des circonstances où tout semble faire
échec à la bonne volonté. Ce jour-là, le vent soufflait en tempête et
la barre de Mpando offrait plus de danger qu'à l'ordinaire. On ne

pouvait songer à faire un déchargement régulier ; on fut contraint de jeter les planches à la mer et de laisser aux vagues et au vent le soin de les déposer sur le rivage. Les porteurs entrèrent alors en scène. Malheureusement, on n'avait pas songé à les discipliner ; il y eut un désordre inexprimable : chacun d'eux de prendre sa charge et de se diriger vers le lac, par le chemin que choisissait son caprice, suivant la force de ses épaules et la vitesse de ses jambes ; et le pauvre Père qui les avait accompagnés, après avoir assisté au naufrage de sa future maison, que la mer avait fini par lui rendre, en voyait maintenant les différentes pièces, emportées comme dans une nouvelle tempête, se perdre à travers les mille sentiers de la plaine, et disparaître sous les arbres de la forêt profonde.... Lorsque les matériaux eurent été réunis sur les bords du lac, un petit vapeur consentit à les transporter jusqu'à Sainte-Anne. C'est un miracle qu'on n'en ait point égaré la moitié. Tous d'ailleurs ne suivirent pas cette voie. Les jours suivants, il n'était pas rare de voir arriver à la Mission des Noirs qui venaient rendre, qui un fragment du toit, qui un morceau de rampe, qui une partie de cloison....

Alors, on procéda à l'érection de l'édifice. Un maçon Noir, venu du Gabon, creusa les premiers fondements. Le R. P. Buléon et le frère Ubald, qui à ses autres talents joint celui d'être forgeron émérite, se mirent ensuite à l'œuvre avec un acharnement qui fut couronné par le plus beau succès. Soixante-quatre colonnes en fonte, enchâssées dans le cloisonnement ou portant la galerie, soutiennent l'édifice tout entier et lui donnent une solidité inébranlable. La galerie, séparant le rez-de-chaussée du premier étage, fait le tour entier de la maison, et est surplombée dans toute sa longueur par la prolongation du toit, formant véranda. Le toit est en tôle galvanisée. Livrés, pour ainsi dire, à leurs seules forces, les deux ouvriers, en deux mois, rendirent la maison habitable ; et, un mois après, elle était complètement terminée. On aura une idée de leur travail quand on saura qu'elle a vingt-six mètres de longueur, dix-huit mètres de largeur et une hauteur proportionnée (1).

Depuis quelque temps déjà, les Noirs, commençant, grâce aux instructions qu'on leur donnait, à se faire une idée plus juste de la grandeur et de la bonté de Dieu, souffraient de voir qu'on ne remplaçât pas par un édifice plus digne de lui la chapelle provisoire où l'on disait la messe ; à la vue surtout de la nouvelle habitation dont

(1) Si on nous demandait d'où venait cette habitation et à qui il fallait en attribuer l'origine, nous serions tentés de commettre une indiscrétion. Quelques-unes des pièces qui la composent font connaître la « raison sociale » qui l'a fournie : « *Walter et Berguis de Glasgow ;* » mais le livre d'or de la Mission s'occupe moins de ceux qui reçurent le prix que de celui qui l'a si généreusement donné ; et en tête des bienfaiteurs, il porte inscrit le nom de Mme Tissot, de Besançon D'autres noms d'ailleurs, ne tarderont pas à y figurer glorieusement à la suite.

le toit étincelant s'apercevait de toutes parts, ils disaient : « Que les missionnaires qui viennent du riche pays de France, lui donnent donc une maison grande et belle ; nous n'aimons pas à le voir demeurer dans une case en bambou semblable aux nôtres. » Le désir des missionnaires n'était pas moins vif. Le P. Bichet et le P. Buléon, attendant à peine qu'un travail fût achevé pour en entreprendre un autre, décidèrent la construction d'une église en l'honneur de sainte Anne, capable de rivaliser avec les insignes basiliques de Jérusalem et de Sainte-Anne d'Auray. Le P. Buléon en traça le plan ; le P. Bichet, dont la famille avait reçu de Dieu une immense fortune et un don plus précieux encore, la générosité, se chargea des préliminaires de l'entreprise. — L'église, en fer, devait être construite chez M. Izambert à Paris.

En l'attendant, on amassait les matériaux qui formeraient une base solide au lourd monument de fer. Ce n'était pas une besogne facile. Le lac ne fournissait ni gravier, ni pierres, il fallut remonter tout le cours du Rembo, pour découvrir des carrières de granit. Encore, si l'on avait eu de bons ouvriers et des outils perfectionnés ! mais on avait affaire à une quarantaine de Noirs indisciplinés, paresseux, grévistes à rendre jaloux leurs confrères Européens, qui n'avaient jamais de leur vie tiré de la pierre, et à qui on ne pouvait donner que des instruments primitifs. Mais on sait que patience et longueur de temps triomphent des plus grosses difficultés. Pendant trois mois, de nuit comme de jour, d'énormes pirogues chargées de pierres descendaient la rivière et traversaient le lac. En songeant au bel édifice qui se préparait dans les ateliers de M. Izambert, on travaillait avec ardeur, avec joie, avec amour... Tout à coup des obstacles surgirent, aussi fâcheux qu'imprévus.

Avez-vous vu trois ou quatre fourmis s'atteler à un lourd fardeau et mettre leurs efforts en commun et leur industrie pour le transporter jusque dans leur magasin ? Elles s'adonnent, allègres, à leur immense labeur. Survienne un danger, et toutes alors de se disperser, de s'enfuir chacune de son côté, pendant que leur fardeau reste abandonné sur le chemin, où il deviendra la proie d'un groupe plus heureux... N'est-ce pas l'image du malheur qui fondit sur la Mission ? Le P. Bichet, un des grands bienfaiteurs de l'œuvre entreprise et le premier supérieur de la Mission, tombait malade et rentrait en France, pour guérir, disaient les uns, d'autres disaient pour mourir ; le P. Buléon qui en était l'architecte et l'entrepreneur, retournait au Gabon, où on lui confiait de nouveau la direction d'un petit Séminaire indigène qu'il avait fondé (1).

---

(1) Voici la lettre désolée que le Missionnaire écrivait, à cette occasion :
« Monseigneur ne m'avait placé qu'à titre provisoire au Fernan-Vaz ; mais je croyais

Quant à l'église elle-même, dont la construction se poursuivait toujours à Paris, on avait jugé, sans demander l'avis de ceux qui avaient eu l'initiative du projet, qu'elle était trop belle et trop vaste pour être enfouie, comme l'on disait, dans les déserts du Fernan-Vaz ; et cet édifice qu'on avait rêvé de faire beau comme une basilique, pour être plus digne de la patronne qui devait y être honorée, et qui avait déjà coûté tant de travaux et de sacrifices, on avait résolu de la donner à une autre station, à un autre saint !

Heureusement le dernier mot n'était pas dit. Bien que les difficultés fussent si graves que les missionnaires ne consentent à en expliquer la solution que par l'intervention de la Sainte dont l'honneur et le culte étaient en jeu, elles disparurent les unes après les autres, comme par enchantement. Au mois de juin 1890, d'heureuses nouvelles arrivèrent au Fernan-Vaz : on apprit coup sur coup que le P. Buléon rentrait dans sa Mission, que sainte Anne aurait son église, et que le monument était déjà en chemin.

On se remit bientôt à l'œuvre avec un entrain nouveau. Rien ne semblait plus devoir arrêter la marche des travaux. Le vapeur, il est vrai, qui portait les pièces de l'église, échouait sur un banc de sable, et le capitaine voulait, pour sauver son navire, jeter son chargement à la mer ; mais l'énergique intervention du P. Buléon empêcha ce malheur. Un second vapeur échouait, quelques semaines plus tard, dans le lac ; mais bientôt les matériaux gisaient tous sur le terrain de la Mission, dans un immense chantier de fer.

Enfin, après un an et demi, dans les commencements de 1892, la nouvelle église était totalement terminée. Un Noir, exprimant le sentiment général, disait : « Mon cœur est plein de mensonges comme la forêt est pleine de brousses, et le cœur de tous les Nkomis est comme le mien, mais le cœur des hommes qui parlent les paroles de Dieu est vide de mensonges. Ils ont dit : une maison viendra pour le Dieu Européen : cette maison est venue ; vous voyez bien qu'ils se sont mariés avec la vérité. »

que le temps m'autorisait à prescrire. Aussi je ne songeais plus qu'à mes plantations et à mes chers enfants de l'Éliüa.

« Les immenses travaux d'installation que nous avions entrepris, loin d'épuiser ma santé, semblaient me donner de nouvelles forces.

« L'emplacement et les matériaux de notre église sont préparés : on commencera bientôt à monter l'édifice, qui sera la merveille de la côte africaine ; la Mission que nous avions fondée — littéralement, a la sueur de notre front — devient une des plus florissantes et la plus belle du vicariat, et... il me faut partir : *Sic vos non vobis !* Ce n'est pas pour soi que le missionnaire doit travailler, c'est pour Dieu ; et le bon Dieu le lui fait parfois durement sentir.

« Ainsi, je vais reprendre mon bureau et ma classe d'autrefois ; j'y trouverai encore plusieurs de mes anciens élèves ; le cœur brisé, je reparaîtrai au milieu de mes chers enfants, avec un visage souriant ; et Monseigneur, quoiqu'il n'ignore pas l'étendue du sacrifice qu'il me demande, ne verra jamais que j'ai pleuré, car j'aurai du moins la consolation d'être utile encore à ce vieillard vénéré que j'aime comme le meilleur des Pères. » (*Juin* 1889)

Jamais les Nkomis n'avaient rêvé un édifice de dimensions aussi vastes et de formes aussi élégantes.

Il mesure trente-cinq mètres de long sur douze de large. La flèche atteint la hauteur de vingt-sept mètres. Le style se rattache au roman. Au dessus de l'entrée, une statue monumentale de Sainte-Anne en fonte dcrée. Un porche ouvert par trois grandes baies, dominées chacune par une belle rosace, donne accès dans l'église. On voit que tout a été disposé en vue des précautions hygiéniques et de l'impression à produire. Une vaste nef, dont la voûte hardie se dessine en anse de panier, éclairée de chaque côté par cinq larges fenêtres, permet à une foule considérable d'assister aux cérémonies sans être incommodée par la chaleur : un système d'aération établit un courant d'air dans tout le vaisseau. Le transept — avec les autels latéraux — est un espace réservé que les fidèles ont défense de franchir. Au fond, le sanctuaire avec son autel richement orné est tellement élevé que les pieds de l'officiant sont au niveau de la tête des assistants ; plus loin encore, et plus près de la voûte, éclairée mystérieusement d'en haut, attirant invinciblement le regard vers la niche qui la renferme, se dresse la statue de sainte Anne, qui, après avoir traversé des jours d'épreuve, occupe enfin la place d'honneur dans le temple qu'elle attendait depuis si longtemps.

IV

Le Programme du Missionnaire

L'ÉGLISE ; L'ÉCOLE ; L'ATELIER

Bien que ces travaux, compliqués de préoccupations, de retards et de contre-temps, fussent de nature à absorber tous les soins des missionnaires, ils n'avaient pourtant pas négligé le but principal de leur mission, qui était d'atteindre l'âme des *Nkomis*.

Dès le début, le programme d'action s'était présenté à eux avec une grande netteté : « Les Nkomis, au lieu d'adorer le vrai Dieu dont ils ne savent que le nom, sont esclaves de superstitions honteuses et criminelles : nous leur apprendrons la vraie religion. — Les Nkomis sont ignorants : nous les instruirons. — Les Nkomis sont indolents et paresseux : nous leur inspirerons l'amour de travail. »

L'église, l'école, l'atelier, voilà le triple foyer d'où rayonnera le bienfait de la civilisation sur la tribu tout entière.

La première et la meilleure leçon à donner était celle de l'exemple.

Les *Nkomis* ne sont pas un peuple qu'on puisse enlever d'enthousiasme et transporter soudainement dans un genre de vie différente de la sienne ; apathiques et indifférents, ils n'eussent prêté qu'une oreille distraite à la prédication de l'Evangile, et ils n'auraient eu que du dédain et du mépris pour celui qui aurait essayé de leur montrer l'importance et la nécessité d'un culte religieux. Mais lorsqu'ils eurent été quelque temps en contact avec les missionnaires, qu'ils eurent étudié leurs mœurs dont l'austérité inouïe contrastait avec leur immoralité, qu'ils les eurent vus toujours adonnés à quelque travail, — où l'habileté de l'ouvrier les frappait moins que sa persévérance, — ils ne cherchèrent pas à dissimuler leur surprise, et ils ne cachaient pas que l'admiration que leur inspiraient les Européens ne s'arrêtait pas aux travaux qu'ils savaient exécuter, mais s'étendait aussi à la doctrine qu'ils enseignaient. Et, quand aux jours de fête ils accouraient à la Mission, et qu'ils voyaient et entendaient ce qu'ils n'avaient jamais vu ni entendu, il leur échappait des paroles qui, pour le missionnaire, étaient autant d'indices du changement de leurs dispositions. On ne saurait croire quel intérêt le missionnaire accordait à ces paroles naïves et avec quelle fidélité il les gardait dans sa mémoire. « Les hommes à pagne noir se sont mariés avec la vérité, disait l'un, il faut donc leur prêter nos oreilles quand ils parlent. » « Les Européens, disait un autre, ont un cœur bon comme du bon manioc, une tête qui pense comme du papier écrit ; ils sont de notre tribu ; ils sont nos frères. » Un autre : « Je suis un sauvage et tous les Nkomis sont des sauvages ; les Blancs sont venus et nous montrent de bonnes manières. C'est fini, je ne veux plus être un homme de la forêt, tous mes enfants apprendront les manières des missionnaires. Dans quelques jours j'apporterai deux petits enfants qui sont hommes et une petite enfant qui est femme ; nos Blancs les laveront avec de l'eau qui est dans un petit verre, et mes enfants garderont leur peau comme l'ébène, mais leur cœur sera blanc comme le lait. » Quelque temps après ces trois enfants recevaient le baptême.

Mais les parents eux-mêmes ne mettaient pas un si grand empressement à embrasser la religion. « Les missionnaires sont-ils venus pour vous tromper ? » leur demandait le P. Buléon dans une de ses instructions. — « Non ! non ! » cria-t-on de tous côtés. — « Convertissez-vous donc », ajoutait le prédicateur ; on lui répondait : « Oui..., c'est ça..., c'est bien ça, c'est ça ;... » et on en restait là ! D'ailleurs, les missionnaires ne se souciaient de conférer le baptême qu'à ceux qui offraient des garanties sérieuses de persévérance (1).

_____

(1) Lettre du R. P. DISSARD.

Cependant on finit par trouver quelques Noirs d'élite qui, à une instruction solide, ajoutaient la résolution de se soumettre à toutes les obligations de la vie chrétienne. Le Samedi-Saint de l'année 1892 fut la date d'une scène inoubliable ; à l'heure où l'Eglise universelle se préparait à célébrer la résurrection de son Chef, on baptisait dans l'église de Sainte-Anne, six adultes convertis. Pour être plus à même de tenir leurs engagements, ils élevèrent leurs cases sur le terrain même de la Mission, auprès du lac. Le nouveau village reçut le gracieux nom de Lorette. Le mouvement était donné ; de nouveaux baptêmes eurent lieu ; le nombre des cases allait toujours augmentant, et le village devenait l'un des plus importants du Fernan-Vaz.

Derrière la clôture, au milieu des plantations, on voit disséminées çà et là quelques cases. C'est là qu'habitent d'anciens esclaves dont on a payé la rançon. Les nouveaux libérés sont aujourd'hui une quinzaine ; ils vivent tranquillement et ils attendent qu'une instruction suffisante ou l'approche de la mort leur donne le droit d'affranchir leur âme comme ils ont déjà affranchi leur vie.

Mais l'œuvre la plus florissante a été celle des enfants. Avant la fin de la première année, il y en avait déjà un certain nombre à fréquenter l'école qu'on avait ouverte dès le début. En juin 1892, et bien qu'il y eût déjà quelques-uns à l'avoir quittée, leur nombre s'élevait à quarante-neuf ; il serait facile d'en avoir quatre-vingts, si le local était suffisant et si les ressources le permettaient. Car les recettes ne sont pas ici proportionnées au nombre des élèves. Bien au contraire : les élèves sont complètement à la charge de la Mission. On les nourrit, on les habille, on les instruit, on leur apprend un métier sans la moindre rétribution. Heureux quand les parents ne viennent pas vous demander de cadeaux, et vous faire payer le bonheur d'entretenir leurs enfants ! Et remarquez qu'on ne reçoit que des fils d'hommes libres, et que la plupart sont même fils de rois ou de chefs de village. C'est bien, d'ailleurs, à cause de leur position sociale qu'on s'occupe d'eux avec tant de sollicitude. Une fois que leur éducation sera achevée et qu'ils se répandront dans les villages de la tribu, ils deviendront les auxiliaires les plus précieux du missionnaire.

En attendant, on les garde le plus longtemps possible, afin de leur donner une solide instruction chrétienne. Parmi eux il s'en trouve encore quelques-uns qui ont été témoins de la fondation de l'école.

Outre le catéchisme qui est la base même de l'enseignement, on leur apprend les connaissances pratiques et usuelles, comme, par exemple, les quatre règles. L'étude de la langue française tient aussi une grande place dans le programme ; et ils arrivent en assez peu de temps à la parler avec une remarquable pureté de prononciation. Ils sont, d'ailleurs, en général, bien intelligents et n'ont rien à envier, à ce point de vue, aux enfants de nos écoles françaises dont ils imitent également la turbulence et l'insouciance.

Il leur est permis de choisir entre plusieurs professions manuelles. Quelques-uns, dans les commencements, avaient appris à raccommoder des souliers ; d'autres sont forgerons et ferblantiers, et fabriquent les outils nécessaires aux travaux de la Mission ; quelques autres s'occupent de jardinage. Mais la plupart préfèrent le métier de menuisier. Ils y apportent des prédispositions remarquables. Les missionnaires s'étaient aperçus que les *Nkomis* construisent leurs cases avec plus d'art et de goût que les autres Noirs, et que l'ameublement de leurs chambres est plus complet. Ils n'ont pas eu de peine à tourner de ce côté les préférences des enfants. Ils ont même tiré de leurs efforts des résultats qui ont contribué à embellir l'établissement, que les Noirs regardent comme le leur, et qui en effet a été construit pour eux.

Ce ne sont pas là les seuls services qu'ils rendront, ni les plus importants. S'ils ne trompent pas les espérances qu'on a mises en eux, ils seront les agents principaux de la civilisation dans le pays.

Ce n'est pas qu'on sacrifie leurs intérêts et qu'on songe uniquement à tirer parti de leur coopération : rentrés dans leurs villages, ils jouiront d'une situation enviable, leur profession leur permettra de se créer une honnête aisance ; et leur instruction leur assurera une supériorité incontestable. Ce sera précisément, grâce à cette situation privilégiée, qu'ils pourront exercer une action considérable. Leurs paroles et leurs exemples donneront une idée de plus en plus juste de la civilisation dont ils ont bénéficié les premiers et inspireront à d'autres l'idée d'y faire participer leurs enfants.

Quelques autres collaboreront à notre œuvre d'une manière encore plus directe. — Nous n'avons pas à nous demander ici s'il est désirable de posséder un clergé indigène, ou si les essais tentés dans cette voie ont donné un suffisant encouragement. Mais si l'on ne songe pas, au moins en ce qui concerne les *Nkomis*, à leur imposer des charges sous lesquelles leur nature risquerait de succomber, n'est-il pas dans l'œuvre de la christianisation un rôle plus modeste et pourtant considérable qu'ils pourraient remplir avec zèle et succès ? N'y a-t-il pas parmi les fonctions qui relèvent du sacerdoce, mais qu'on en peut séparer, des fonctions accessibles à leur intelligence ?

Les premiers essais ont donné les meilleurs résultats pour l'œuvre des Cathéchistes Noirs.

Ces auxiliaires font merveille (1), ce sont de petits missionnaires. Ils jouissent d'une très grande influence et ils savent en tirer parti. Ils enseignent avec une patience admirable la lettre du catéchisme, les prières du matin et du soir et la récitation du chapelet. De temps en temps, le missionnaire passe dans les villages et exerce un contrôle vigilant. Trois ou quatre fois l'an, les catéchistes arrivent très fiers à la Mission, avec les personnes qu'ils ont pu instruire; celles qui subissent avec succès les épreuves d'un examen sévère, sont admises au baptême. Ainsi augmente peu à peu le nombre des chrétiens et celui des familles chrétiennes.

V

La journée du Missionnaire

TRAVAUX ET VOYAGES

Vous représentez-vous exactement l'emploi que doit faire de son temps le missionnaire dans une paroisse aussi étendue que cinq ou six de nos évêchés français? On le regarde quelquefois comme un explorateur d'une espèce supérieure, toujours en

---

(1) Chacun de ces missionnaires est à la fois catéchiste, civilisateur, maître d'école et maître de français; et il remplit ses différentes charges avec une merveilleuse entente des conditions où il parle et des besoins de ceux qu'il est chargé d'instruire.

Quand il arrive dans un village, il sonne sa clochette et invite tout le monde à le suivre dans la case des palabres. — « Voyez, vous autres, » dit-il, en montrant accroché à la cloison un superbe carton blanc sur lequel se détachent, mystérieuses et cabalistiques, les vingt-cinq lettres de l'alphabet. « Savez-vous ce que c'est? si vous le voulez, je vous l'apprendrai: c'est la manière de parler des Blancs; je puis l'apprendre à tous, aux jeunes, aux vieux, aux femmes, aux hommes. » Et la leçon commence.

Notre jeune pédagogue s'aperçoit que ses élèves se fatiguent vite de ces sons nouveaux qu'il faut rattacher à des signes étranges... et brusquement il passe à un autre exercice: « Je vais vous raconter des histoires. » L'auditoire est de nouveau attentif. Et alors cet enfant de treize à quatorze ans procède à la façon de Socrate, et par une série d'interrogations habiles, captieuses même, il arrive à fixer — l'espace d'un instant fugitif — l'esprit de ses auditeurs sur les vérités élémentaires de la Religion.... Puis soudainement: « Eh bien! puisque vous avez bien écouté et bien compris, je vous dirai autre chose à présent. Vous savez que les Blancs ont une manière à eux de compter. » — « Oui, oui! ils ne se trompent jamais! » — « Il ne tiendra qu'à vous de compter aussi bien qu'eux. Je connais le secret. Qui veut l'apprendre? » Et l'on se met à compter....

De nouvelles leçons feront pénétrer davantage ces premières notions qui se sont arrêtées à la surface de l'esprit. C'est surtout en Afrique qu'il ne faut pas craindre de se répéter.

Et ce qu'ils font aujourd'hui dans un village, demain ils le feront dans un autre; et ils vont ainsi dans tous les villages de la circonscription qui leur a été tracée préparant ou complétant le travail du missionnaire. Et ils sont d'autant mieux écoutés, qu'ils se présentent, non comme les envoyés directs de Dieu, mais comme les messagers des prêtres blancs.

En grande promenade.

marche, ne plantant jamais sa tente deux fois dans le même endroit, soutenu dans ses fatigues par l'héroïsme de ses sacrifices et la nouveauté de ses impressions, d'un mot faisant tomber les Noirs à genoux devant la croix, unissant enfin dans sa personne à toutes les vertus qui font l'apôtre, les manières d'être de la chevalerie errante, indépendante, aventureuse du moyen-âge. Rien de plus séduisant peut-être, mais rien ne serait plus inefficace. Un élément de succès aussi important que le zèle, plus important peut-être, est le partage méthodique des jours et des heures entre des œuvres parfaitement déterminées. C'est à ce principe que les missionnaires de Sainte-Anne du Fernan-Vaz ont voulu se conformer, surtout lorsque, les travaux matériels achevés, ils ont pu introduire une certaine régularité dans les travaux de leur ministère. Assurément on peut rêver une vie plus poétique, mais il est difficile d'imaginer une vie plus méritoire.

Le missionnaire se lève à cinq heures du matin. La première partie de la journée est consacrée à Dieu; lorsqu'il a fait sa méditation, dit la messe, achevé son action de grâces, il est environ six heures et demie. Immédiatement après le déjeûner, commence l'enseignement. Les élèves, dont un Père s'occupe plus spécialement, suivent les différents exercices que nous avons énumérés plus haut, et passent leur temps entre la classe, l'atelier, le jardinage et la récréation. Les Noirs du dehors se partagent en plusieurs groupes, celui des femmes, celui des jeunes gens, celui des hommes; chacun d'eux prend place à son tour dans le parloir; à chaque catégorie on enseigne le catéchisme pendant une demi-heure. Le reste de la matinée se passe à recevoir les personnes qui viennent « palabrer », et à visiter l'hôpital où l'on a reçu les malades atteints de la lèpre ou de l'éléphantiasis;... à midi moins le quart, les membres de la communauté, séparés depuis le matin par leurs occupations, se trouvent réunis à la chapelle; à midi, on dîne. Pendant le repas des Pères, un des enfants fait la lecture qui commence par quelques versets de l'Ecriture sainte et se termine par le martyrologe. L'après-midi, on fait encore le catéchisme, on met en ordre sa correspondance, et l'on visite dans les villages les chefs que l'on veut connaître, ou bien les malades qui désirent entretenir le missionnaire et se convertir avant de mourir.

Cependant si le missionnaire se condamnait à ne jamais sortir de ces occupations quotidiennes, son action ne s'étendrait guère au delà d'une sphère bien restreinte. Il faut qu'il pénètre bien avant dans l'intérieur et qu'il s'avance jusqu'aux limites les plus éloignées de la tribu. Ses voyages peuvent durer des semaines entières, mais ici encore il sait qu'il faut procéder avec méthode et prudence; et il se garde bien d'oublier le but qu'il doit poursuivre. Sans doute il pourra faire sur les pays qu'il traverse et les mœurs

des habitants les observations les plus curieuses et les plus utiles ;
il ne lui est pas interdit de rapporter de ces excursions des études
d'autant plus intéressantes que personne ne les aura faites avant
lui. Mais il se rappelle aussi que le premier fruit de ses courses
apostoliques est la conversion et la civilisation des Noirs ; c'est en
vue de l'atteindre qu'il trace son itinéraire ; et c'est à ce désir qu'il
subordonne les plaisirs et les émotions de son voyage.

Un voyage a été résolu : immédiatement on prépare l'autel por-
tatif, les vivres et les objets qui serviront à faire des cadeaux aux
chefs de village, ou à payer les droits de passage. On choisit des
porteurs et on leur adjoint les enfants de la Mission à qui on désire
accorder un privilège, ou qui appartiennent au pays que l'on veut
visiter. Chacun des porteurs fabrique son *onèrè*, ou panier long
formé avec des feuilles de palmier entrelacées, et y place sa
charge dont le poids varie de 25 à 30 kilogrammes. Puis la caravane se met en marche. Tour à tour elle suit les sentiers à peine
indiqués à travers l'herbe drue et serrée de la plaine, ou elle s'en-
fonce dans les sombres profondeurs de la forêt. Dans les plaines
unies ou parfois légèrement ondulées qui se déroulent à perte de
vue, les voyageurs aperçoivent de temps en temps des bandes
de chacals ou de sangliers, des antilopes qui fuient à leur approche,
ou des troupeaux de buffles qu'il faut tourner pour ne pas éveiller
leur colère terrible.

Puis à la lisière d'un bois, ou dans le creux d'un vallon, on entre-
voit une longue plantation de bananiers ; là se trouve un village.
Si l'on est fatigué ou si la nuit approche, on peut s'y arrêter. Le
missionnaire n'y est plus un inconnu ; ses compagnons et lui sont
assurés d'y recevoir l'hospitalité la plus cordiale. S'il veut se montrer reconnaissant de l'amitié qu'on lui témoigne, il lui est facile de
donner à ses hôtes un plaisir dont ils sauront apprécier le prix. Il
les convoque à une réunion. La scène ne manque pas de pittoresque. Ils s'asseoient en rond autour de lui ; alors, à la vive clarté
des étoiles, il les entretient d'eux-mêmes et de leurs besoins. Il
essaye d'éveiller dans leur âme des sentiments et des pensées auxquels ils n'avaient jamais songé ; puis, s'élevant peu à peu, il leur
parle de ces astres dont la mystérieuse clarté attire leur imagination, et au delà de ce beau ciel, il essaye de leur faire entrevoir le
Dieu formidable et plein de douceur qui a créé le ciel et la terre, et
qui, sans quitter les hauteurs de son empire, a su descendre vers
la partie inférieure de son œuvre, pour attirer jusqu'à lui tous les
hommes, quelle que soit leur couleur ou le pays qu'ils habitent...
Rien ne leur plaît tant que ces entretiens en plein air pendant la
nuit ; et le côté surnaturel de la religion qu'on leur enseigne les
frappe d'autant plus qu'il s'accorde avec tout ce qu'il y a de mysté-

rieux dans la scène où on la leur prêche. S'il doit aller plus loin, le missionnaire pourra quitter le lendemain le village, avec la certitude que le souvenir de son passage ne sera pas oublié....

Voici maintenant la brousse immense, la grande forêt africaine, pleine de secrets et fourmillant de vies ignorées :

Itur in antiquam silvam, stabula alta ferarum.

Il est presque impossible de s'en faire une idée, sans l'avoir vue. On se rend compte, en la contemplant, de la puissance de végétation que la nature, quand elle n'est pas contrariée par la main de l'homme, peut acquérir sous la double influence d'une chaleur intense et des pluies fécondes qui durent six mois de l'année.

Des arbres, de toute espèce et de toute forme, se disputant le sol d'où ils sont sortis et l'air qu'ils envahissent, jetant dans toutes les directions des branches vigoureuses dont les ramifications vont se perdre les unes dans les autres, tantôt arrêtés dans leur développement par un obstacle, tantôt faisant émerger victorieusement leur tête au-dessus de la forêt ; — toutes ces branches luttant entre elles pour se frayer un passage, s'entrelaçant et se confondant si bien qu'il est impossible de savoir à quel tronc elles se rattachent ; — des lianes géantes montant, sans point de repère apparent, jusqu'à la cime des arbres, retombant en courbes gracieuses jusqu'au sol ou sur une branche inférieure d'où elles s'élancent de nouveau jusqu'aux sommets ; — une sève exhubérante et un feuillage toujours jeune, car cet heureux pays ne connaît point d'automne, et une feuille ne tombe jamais sans être immédiatement remplacée ; — des fleurs de couleurs les plus variées, mais non pas des fleurs aux formes exiguës et grêles comme en voit dans nos serres, mais des fleurs immenses qui s'épanouissent en des arbres entiers ; — au-dessus de cette extraordinaire végétation, dans un ciel d'une inaltérable pureté, un soleil dont les puissants rayons peuvent à peine traverser tout ce dôme de verdure ; — la lumière pénétrant par intervalles et descendant au milieu du feuillage qui la tamise et qui lui emprunte les reflets les plus différents et les teintes les plus harmonieuses. Voilà un des plus admirables spectacles qu'on puisse avoir sous les yeux. Et dans les profondeurs sombres vivent et s'agitent des animaux de toute sorte et des oiseaux de toute espèce ; la panthère qui se tapit dans le feuillage pour mieux guetter sa proie, le gorille et le chimpanzé qui, de leurs coups précipités, font, disent les Noirs, retentir leur poitrine comme un tambour ; l'éléphant dont le passage creuse des sentiers qui sont les seuls chemins de la forêt ; des singes presque innombrables remplissant la forêt de leurs cris et faisant au voyageur les grimaces les plus plaisantes ; les serpents, depuis le boa aux bonds prodigieux et aux replis si longs jusqu'à la terrible *Ompèné* ou vipère cornue, dont la marche est lente, mais dont la piqûre est mortelle; puis les perroquets verts à la voix stridente et au vol lourd; l'ibis métallique dont le plumage étincelant ne peut faire pardonner la voix semblable à celle du corbeau; le foliotocole aux couleurs dorées et dont le chant est un sifflement, et plus haut dans les branches l'aigle et le vautour se faisant la guerre.

C'est dans le voisinage de ces hôtes de la forêt que la caravane s'arrête parfois le soir; après le repas on fait la prière, puis on dresse la tente, à moins que l'on ne suspende le hamac aux branches des arbres. La nuit vient si rapidement qu'on pourrait dire qu'elle tombe. L'agitation cesse et le silence se fait. On entend encore le bruit d'ailes de quelque oiseau égaré qui cherche un asile, puis, une heure environ après le coucher du soleil, le houhou sinistre et prolongé du hibou, le chant du coq de bruyère, et le cri prolongé de la loutre des marais... Après les fatigues de la journée, on sent un immense besoin de repos. Balancé dans son hamac, le missionnaire oublie tous les dangers qui l'entourent, pour ne songer qu'à l'œuvre du lendemain; comme l'oiseau qui se cache la tête sous l'aile pour dormir, sa dernière pensée se réfugie dans une dernière prière, et plein de confiance dans la Providence, il se laisse tranquillement aller au sommeil.

Quand on voyage sur l'eau, et c'est le cas le plus ordinaire, les spectacles ne sont pas moins beaux ni les dangers moins nombreux.

La pirogue n'est autre chose qu'un tronc d'arbre creusé, et d'une longueur qui semble démesurée relativement à sa largeur. Bien que celle des Nkomis soit plus élégante, plus régulière et plus solide que celle des autres Noirs, on y est souvent exposé à perdre l'équilibre. Quelquefois la pirogue est tellement étroite qu'elle ne donne place qu'à deux personnes; et le voyageur qui ne veut pas être culbuté doit s'interdire tout mouvement.

Autrefois les *Nkomis* n'osaient pas traverser le lac en droite ligne. Debout dans la pirogue, ils pagayaient péniblement, le visage tourné vers l'avant. Ce furent les Européens qui leur inspirèrent l'idée d'une modification qui semblait s'imposer; ils s'assirent et diminuèrent la longueur gênante de leurs pagaies. Mais pourquoi, leur dit-on, ne vous serviriez-vous pas d'un instrument qui doublerait votre force; tournez donc le dos à l'avant, et laissez à l'homme qui est à l'arrière le soin de diriger l'embarcation. Et les Nkomis apprirent à manier l'aviron. Ne vous contentez pas de ramer, ajoutèrent les blancs; dressez des mâts et ouvrez des voiles au vent, votre vitesse augmentera, et la fatigue sera beaucoup moindre; et c'est depuis que les Nkomis enhardis ne suivent plus les longs contours du rivage, quand ils veulent aborder à un point opposé du lac.

Il ne reste plus qu'un dernier progrès à introduire dans leur navigation. Sera-ce au missionnaire qu'ils en seront redevables? Le missionnaire se le demande avec d'autant plus d'intérêt qu'il serait le premier à en bénéficier. Quel auxiliaire précieux ne serait pas pour lui un petit bateau à vapeur qui le dispenserait de recourir à des pagayeurs exigeants et paresseux, dont la machine infatigable obéirait toujours à son commandement, qui lui permettrait de multiplier sa présence et son action, qui rapprocherait de lui ceux de ses paroissiens que l'éloignement met dans la presque impossibilité de recevoir sa visite ou de venir le trouver !... Bien qu'il ne sache ni l'heure, ni le nom de l'intermédiaire que la Providence choisira pour le lui donner, il ne désespère pas, après les faveurs nombreuses qu'il a reçues d'elle, de la voir un jour travailler à la réalisation de son rêve. On voulait avoir une magnifique maison : elle est venue, comme disent les Nkomis ; on désirait avoir une belle église : celle qu'on a construite est sans rivale sur toute cette côte d'Afrique...; deux pirogues, l'*Aspic* et le *Basilic*, se balancent sur les eaux du lac, auprès de son débarcadère ; bien qu'il ait, en leur donnant ces noms, réalisé une prophétie de l'Ecriture, elles ne lui semblent pas assez rapides. Lui est-il interdit d'espérer que bientôt il pourra montrer aux regards des Nkomis étonnés un merveilleux petit steamer qui traversera dans tous les sens les eaux de l'*Eliüa*, en laissant flotter, au dessus d'un sillage blanc d'écume, un long panache de fumée ?...

Quant aux âmes sensibles qui regretteraient pour lui la poésie du voyage en pirogue, qu'elles se représentent tous les dangers auxquels l'expose ce moyen primitif de navigation. Assis à l'arrière, au milieu de ses bagages, il se voit condamné à l'immobilité ; ou plutôt son seul mouvement, et il s'en passerait fort bien, c'est un balancement continu d'avant en arrière et d'arrière en avant, imprimé par les efforts des pagayeurs qui ne font avancer la pirogue que par vives et rapides secousses. Il ne peut laisser pendre sa main hors de l'embarcation sans risque de voir son bras disparaître dans la gueule d'un requin ou d'un crocodile. Si l'on côtoie la rive dans les passages étroits, on peut troubler la digestion d'un serpent blotti dans les arbres qui surplombent le bord, et il n'est pas impossible qu'il se laisse glisser dans la barque, et qu'il ne gagne la rive à la nage, qu'après s'être vengé par de cruelles morsures. Et puis, il y a l'hippopotame : dans les régions voisines, comme dans le bas Ogowé, l'hippopotame se contente d'être une bête informe et hideuse, il est inoffensif par caractère, et même timide et peureux : ici il inspire autant de crainte par sa méchanceté que de répulsion par sa monstrueuse laideur. Le mystère du fétichisme et de l'oreille fendue jouerait-il un certain rôle dans cette anomalie à laquelle on ne trouve aucune explication ? Toujours est-il que sa présence est redoutée dans certains passages où il réside de préférence ; moins excusable que le crocodile et le requin, puisqu'il est herbivore, il poursuit la pirogue, se fait un jeu de la soulever et de renverser dans le lac les infortunés voyageurs. Il ne se passe pas d'année sans qu'on n'entende parler de bras et de jambes broyés par l'hippopotame.

A côté de ces animaux nuisibles, le lac en renferme une foule d'autres qui sont utiles et dont on peut tirer parti quand on fait de longs voyages. Les Noirs sont très habiles pour pêcher à l'épervier ou à l'hameçon. Les poissons qu'ils prennent sont le mulet, le barre, l'espadon... On y trouve aussi une grande variété de tortues, mais la pêche la plus fructueuse est celle du lamentin, dont la chair est délicieuse et qu'on ne trouve guère qu'au Fernan-Vaz et le bas Ogowé (1).

Le lac a parfois des caprices fous qui font courir aux pirogues les dangers les plus terribles ; mais il est ordinairement calme, et c'est alors un charme de le parcourir dans tous les sens. Tantôt vous côtoyez des îles qui sont des plaines grises et nues ou de vrais bouquets de verdure ; tantôt on suit de longs rideaux d'arbres, qui, à mesure que vous avancez, se déchirent brusquement, et vous laissent apercevoir de nouvelles nappes d'eau que vous ne soupçonniez pas, ou des plaines très étendues avec, dans le lointain, pour fermer l'horizon, les gracieuses ondulations des collines. La nuit, les étoiles se reflètent dans les eaux limpides avec une très grande vivacité, et ce spectacle est si beau qu'on renonce à le décrire pour ne pas affaiblir l'impression qu'il vous a laissée.

Mais c'est surtout un matin qui suit une nuit d'orage qu'il faut contempler les merveilles de ce pays incomparable. Tout à coup le soleil, après s'être fait à peine annoncer par un court crépuscule, s'élance perpendiculairement dans le ciel avec la rapidité d'un trait ; les îles et les arbres du rivage semblent se détacher des eaux du lac, et flotter entre ciel et terre ; il y a des éblouissements dans la lumière ; l'air est rempli de parfums : toute la nature, l'eau, la terre, la forêt, revêt des parures si rajeunies, si nouvelles, qu'on se croirait au premier matin de la création. Inutile de demander au Noir ce qu'il éprouve en ces moments vraiment délicieux ; devant ce tableau, il semble ne rien voir ; il se tait, soit qu'il ne puisse analyser ses impressions, soit plutôt qu'il désespère de les traduire. Le missionnaire paraît être le seul à jouir de ce rajeunissement universel, et il en ressent dans tout son être le bienfaisant contre-coup, que seul aussi il peut comprendre. Après avoir vécu quelques années sous ce climat de feu, qui permet à peine de respirer ; après s'être soumis à des exigences et à des privations

(1) Au moins pour ce qui concerne la région occidentale de l'Afrique.

auxquelles rien ne l'avait préparé, il sent ses forces s'affaiblir graduellement, le sang se refroidir dans ses veines, son activité,
épuisée dans un labeur incessant, tomber et près de s'éteindre.
Mais il est des heures où la nature lui rend en partie les biens que
si vite elle dévore ; la vie si intense et si féconde qui s'échappe
vers lui de l'arbre, de la terre et de l'air, le pénètre de toutes
parts et l'envahit tout entier ; au sein de ce monde qui semble conserver, après six mille ans d'existence, une sorte de jeunesse
éternelle, il sent sourdre en lui des énergies qu'il ne connaissait
pas. Un lien de plus le rattache à ce pays qui le tue, il cède à un
plus grand besoin de dévouement, et sur le chemin où le découragement a failli plusieurs fois l'abattre, il ramasse le fil de ses
espérances retrouvées... Et le voilà de nouveau en marche, à la
recherche d'hommes qu'il veut rendre dignes du séjour qu'ils
habitent, et qu'il veut élever surtout vers Dieu qui réserve aux
âmes régénérées une force et une fécondité dont cette exubérance
de vie matérielle n'est que l'image affaiblie.

VI

« Ceci tuera cela »

C'est à l'église, un dimanche ou plutôt un grand jour de fête,
qu'on se rend compte de ceux qui sont les plus accessibles à la
conversion.

Les fidèles se placent après les enfants de la Mission, les
hommes du côté de l'Epître, les femmes du côté de l'Evangile. A
droite, comme à gauche, les baptisés viennent en première ligne ;
les catéchumènes ensuite ; derrière, autant que l'édifice en peut
contenir, se pressent les païens.

Que votre regard s'arrête un instant sur les chrétiens : vous
ne verrez parmi eux ni vieillards ni hommes arrivés à l'âge
mûr ; vous savez déjà qu'il est très difficile, pour ne pas dire
impossible, d'élever jusqu'aux idées chrétiennes ces esprits asser-
vis par de longues habitudes ou par les pratiques du fétichisme.
L'influence considérable dont ils jouissent et le respect dont on les
entoure obligent le missionnaire à prendre avec eux des ménage-
ments, mais il ne peut se dissimuler qu'ils échappent à l'influence
de l'Evangile, et que la prédication ne sera bien efficace que quand
cette génération aura disparu.

Les jeunes au contraire donnent les plus grandes espérances.
Leur esprit n'est pas fermé à la vérité, et leur cœur s'ouvre aux
bons sentiments. Ils comprennent très bien qu'il est nécessaire de

transformer ces mœurs et ces coutumes dont ils sont les premiers à souffrir. Sans doute, ils ne réalisent pas tous l'idée de la vie chrétienne, et ils sont sujets à des défaillances qu'expliquent trop bien l'hérédité et le milieu social où ils vivent. Mais ils savent se prêter avec docilité à la formation qu'on veut leur donner; ils font concevoir de sérieuses espérances pour la nouvelle société qu'on veut créer dans la tribu; et on en connaît parmi eux qui, au cas où une persécution viendrait à éclater, seraient d'admirables martyrs.

Quant aux femmes, la timidité naturelle de leur sexe et le mystère qui entoure la vie du missionnaire les avaient d'abord tenues à l'écart; peu à peu elles ont triomphé de leur défiance et de leurs craintes; et aujourd'hui elles donnent à la jeune chrétienté l'exemple de la piété et de la ferveur.

Voyez comme les fidèles sont attentifs aux cérémonies du culte! avec quel ensemble ils se lèvent quand le prêtre fait son entrée dans le chœur, précédé d'enfants — en soutanelles rouges et surplis brodés — qui marchent devant lui, pieds nus et portant des flambeaux! avec quel respect ils se courbent et font le signe de la croix, en recevant l'eau de l'aspersion ou la bénédiction du prêtre! avec quel attendrissement ils écoutent les chants exécutés à la tribune par les voix pures et harmonieuses des enfants! Un Anglais, assistant à une des fêtes de la Mission, ne concevait pas que des gens en apparence indisciplinables eussent pu se plier à des mouvements aussi réguliers et prendre une attitude aussi respectueuse.

Les Noirs aiment beaucoup la pompe et l'éclat du culte qui séduit leur imagination plus vivement que la vérité ne frappe leur intelligence. Mais les cérémonies les plus populaires et auxquelles tous les baptisés veulent prendre part, sont l'imposition des cendres au début du Carême, et le baisement de la croix le Vendredi-Saint. Ces jours-là, ils sont vivement impressionnés et ils laissent paraître sur leur visage les signes d'une grande tristesse. Pendant les derniers jours de la Semaine-Sainte, on les voit arriver à la Mission, revêtus d'un long pagne violet, comme ils en portent dans leurs cérémonies funèbres; ils prient longtemps devant l'autel; quand ils sortent, ils causent à voix basse, et restent là tout le jour, comme s'ils voulaient monter une garde d'honneur autour de la chapelle. Quand on leur demande pourquoi ce recueillement et ce changement de costume, ils répondent : « Dieu est mort, nous portons le deuil de Notre-Seigneur. » Mais le Samedi-Saint, lorsque le canon tonne et que les cloches sonnent pour annoncer la fête de la Résurrection, toute trace de douleur disparait, et un enthousiasme indescriptible éclate de toutes parts.

Quant aux païens, ils vivent dans une atmosphère de jour en jour plus imprégnée du christianisme... Lorsque le flambeau de la civilisation chrétienne brilla pour la première fois sur la pointe Igoumbi, l'espace illuminé se réduisait à un point, car il n'éclairait guère que ceux qui l'avaient apporté, tandis que, tout autour, le pays des *Nkomis* restait plongé dans les ténèbres. « Chassez l'ombre, ô Soleil. » Les rayons de lumière devenaient plus vifs, la région éclairée grandissait, les ténèbres reculaient et devenaient moins épaisses, et bientôt il y eut des lueurs à pénétrer jusqu'aux dernières extrémités de la tribu. Quelques Nkomis en assez grand nombre sont sortis de l'ombre : on en voit d'autres plus loin s'agiter confusément, qui s'apprêtent à quitter définitivement la région obscure ; et plus loin encore, on croit entendre le bruit de tout un peuple qui est en marche vers la lumière...

Et le missionnaire se rend compte qu'il amène ce peuple à la France comme à l'Eglise.

Quand les missionnaires arrivèrent au Fernan-Vaz, il n'y avait que des étrangers à s'être établis dans le pays ; les seuls drapeaux connus étaient le drapeau allemand et le drapeau anglais ; et ce ne fut pas toujours sans difficulté qu'ils réussirent à faire disparaître les couleurs étrangères des pirogues où les Noirs étaient fiers de les arborer... Aujourd'hui, parmi les très nombreux villages des bords du lac, il n'y en a pas un seul où l'on ne trouve quelqu'un à comprendre la langue française.

Il est d'ailleurs d'heureuses circonstances qui doivent porter les *Nkomis* à unir indissolublement l'idée du catholicisme à l'idée de la France. Quand un navire de l'Etat arrive en face de Sainte-Anne, la Mission tire en son honneur un coup de canon, auquel il répond par un autre ; puis on hisse trois fois le drapeau pour le saluer, et il rend le salut de la même manière. Le même cérémonial s'observe à son départ. Quand le navire se trouve dans les eaux de l'Eluïa, pendant la Semaine-Sainte, il tire un coup de canon toutes les demi-heures, le Vendredi saint, et, le lendemain, vingt-et-un coups, quand les cloches annoncent le chant du *Gloria*. Ces manifestations sympathiques et cet accord entre les différents représentants d'un même pays n'ont d'autre résultat que de grandir le prestige des uns et des autres.

Aussi, les missionnaires ont acquis, grâce à toutes ces causes réunies, une immense influence ; et ils sont devenus des personnages très considérables de la tribu. Une occasion s'est présentée où ils ont reçu la preuve la plus significative de l'affection et de l'estime de tout le peuple.

Aux fêtes de Noël 1892, les chefs de la tribu se réunissent dans le parloir de la Mission. Ils demandent à voir le Supérieur. Le Supérieur répond à leur invitation. En entrant, il s'aperçoit qu'ils sont encore plus graves et plus solennels que d'habitude. Les voyant tous assis, il s'avance et veut prendre un siège. « Ne t'assieds pas ! » lui dit-on de toutes parts. Condamné à rester debout, il veut au moins s'appuyer : « Ne t'appuie pas ! » lui crie-t-on derechef. Etonné, il attend l'explication de ce mystère ; alors un vieillard vénérable, le Nestor de l'assemblée, le roi des rois de la tribu, lui fait un discours entrecoupé d'interjections comme à l'ordinaire, mais dont nous nous bornons à donner les idées principales :

« Depuis que tu es venu dans notre pays, nous avons su apprécier tes qualités et nous ne pouvons pas ignorer les services que tu as rendus aux Nkomis. Tu as apporté avec toi des lois qui combattent plus efficacement le mal que les nôtres. Quand les Nkomis veulent défricher, ils montent dans l'arbre et ils n'en abattent que la partie supérieure ; mais toi tu t'attaques à la base même du tronc, et tu l'arraches de terre avec ses racines. De même les lois que nous faisons ne peuvent corriger le mal qu'à la surface, tandis que les tiennes savent pénétrer jusqu'au fond et arracher la racine même du mal. Tu nous donneras donc des lois, mais, pour qu'elles aient plus d'autorité, nous avons résolu de te faire roi. Tu t'appelleras *Ozoungé* (sauveur), et tu seras vraiment pour les Nkomis un *Sauveur.* Jusqu'ici tu étais demeuré debout dans notre pays et nous te regardions comme un étranger. Maintenant tu seras assis et nous te considérerons comme l'un de nous. » Ce discours terminé, on le fit asseoir sur le *Mbata* et on lui donna l'*Iboto.*

Ce n'est que dans dix ans, dans vingt ans peut-être, qu'on pourra apprécier les résultats de son œuvre. Pourtant, même dès aujourd'hui, visitez un village où il a passé : vous y saluerez, à côté de l'*Oka,* qui atteste l'ancienne indépendance, le mât de pavillon où se hisse le drapeau français ; dans toutes les cases vous trouverez des images saintes, des croix, des crucifix, des objets de piété... Il n'est même pas rare de trouver dans la même case deux Noirs qui portent, l'un des amulettes, l'autre une médaille de la Sainte Vierge.

Ceci tuera cela !

VII

Comment on civilisera les Noirs

Ce qui préoccupe le missionnaire autant que les moyens de conversion, c'est la durée de la nation elle-même. Lorsqu'elle sera envahie,

pénétrée par la civilisation européenne tout entière, sentira-t-elle
tarir en elle les sources mêmes de la vie, et sa destinée serait-elle
aussi éphémère et aussi misérable que celle des papillons qui ne
sortent d'une longue nuit que pour se brûler les ailes au feu de la
lumière et tomber?

Réduite à ses propres forces, elle avait pu, il est vrai, malgré les
germes de corruption qu'elle renfermait, se constituer, se maintenir et résister aux tribus qui convoitaient son territoire. Elle avait
même conservé une puissance de vitalité qui semblait lui promettre
une longue existence.... Mais que sont devenues les nations qui
remplissaient les forêts de l'Amérique et peuplaient les îles de
l'Océanie? Ces races possédaient des conditions d'existence égales
et quelquefois supérieures; elles étaient fortes, vivaces, énergiques; leurs premières résistances l'ont souvent prouvé; il est
permis d'affirmer que, si aucun obstacle n'avait contrarié leur force
d'extension et de développement, elles étaient assurées de jouir
d'une prospérité dont on ne pouvait prévoir la fin!... Que sont-elles
devenues? les unes ne sont plus que des souvenirs, d'autres ago-
nisent; et bientôt de ces vastes territoires qu'elles possédaient,
elles n'occuperont plus que l'étroite place à laquelle ont droit les
générations disparues....

Les conquérants d'aujourd'hui ont renoncé aux procédés bar-
bares dont ces peuples ont été les victimes. On ne se propose plus
de dépouiller ou d'éliminer les peuples des pays où l'on s'établit;
si les colonies que l'on crée chez eux ne sont pas complètement
désintéressées — et elles ne sauraient l'être — on leur donne, en
échange des productions que l'on en reçoit, les biens de la civilisation dont ils ont été si longtemps déshérités. Les intentions sont
meilleures, mais les moyens sont-ils plus heureux? et n'est-il pas
à craindre que ces nations africaines que l'on veut gratifier, n'aient
à souffrir d'une générosité mal entendue comme d'autres ont souffert de la guerre et de la violence?

Dans la civilisation que nous allons leur offrir, il y a bien des
éléments différents et que l'on distingue encore mieux par les con-
séquences qu'ils produisent. Il est bien entendu que nous ne faisons
pas allusion aux vices et à la corruption qu'elle amène à sa suite et
et qui souvent, hélas! la devancent dans les pays où nous voulons
l'implanter. Nous ne parlons que de ce qu'elle renferme de légitime,
et qui a fait la force et la prospérité des nations de l'Europe. Elle a
pris chez nous une forme spéciale qui a dépendu du tempérament,
du climat, des traditions, du mélange des races, des évènements
historiques; elle a reçu sa marque de l'ensemble des circonstances
au milieu desquelles elle s'est développée: de là des besoins, des
habitudes, tout un système d'organisation administrative, politique, financière, qui ne peut, semble-t-il, avoir chance sérieuse de

durer, qu'à la condition d'être soumis à l'influence des causes mêmes qui lui ont donné naissance. A vouloir imposer cette civilisation de toutes pièces à un peuple que rien ne préparait à la recevoir, et, pour mieux l'y soumettre, à supprimer d'un coup ses lois, ses coutumes, ses traditions, ne risque-t-on pas de le priver de toutes les conditions qui le faisaient vivre, d'une existence inférieure, il est vrai, mais réelle et durable, pour ne lui donner en retour qu'une vie factice et éphémère? ne serait-on pas, sous prétexte de simplification et d'uniformité, aussi coupable que le médecin qui ferait suivre à l'enfant qui ne fait que de naître, le régime qui ne convient qu'à l'homme dans la force de l'âge? n'est-ce pas commettre le même crime que d'enlever le Noir à la chaleur des régions équatoriales, où il est né, pour le transporter au milieu des neiges et des glaces des pays froids où il ne tarderait pas à mourir? — Aussi le missionnaire se demande si l'œuvre de régénération qu'il a fondée — au prix de quels efforts, Dieu le sait! — ne doit pas être compromise par des essais prématurés de colonisation excessive. C'est avec une angoisse profonde qu'il se demande si ce peuple, qui lui a confié le soin de le *sauver*, n'est pas un condamné à mort, et s'il n'est pas placé à côté de lui pour l'assister dans ses derniers moments, comme un prêtre cherche à jeter quelques espérances d'une vie ultérieure dans l'âme du misérable dont l'impitoyable justice humaine a compté les jours.

N'est-il pas plus sage, plus digne et plus humain de renoncer à des tentatives qui ont donné des résultats contraires à ceux qu'on en attendait, et de laisser à la religion la première éducation de ces peuples qui n'ont pas jusqu'ici subi, sans péril, une autre influence? Le christianisme, avec ses dogmes invariables et sa morale inflexible, possède le secret d'une souplesse qui lui permet de s'adapter au génie de chaque peuple et de se plier aux légitimes exigences de son tempérament. N'est-ce pas en respectant le caractère de chaque race et en tenant compte de ses aspirations qu'il a su, tout en gardant son unité inviolable, faire sortir de la barbarie des premiers siècles ces nations de l'Europe à la fois si semblables et si différentes? Il serait sans doute bien téméraire de prédire que son succès serait, parmi les peuples de l'Afrique, aussi rapide et aussi éclatant qu'il l'a été en Europe ; mais il leur donnerait toute l'élévation intellectuelle et morale dont ils sont susceptibles ; il étudierait leur nature, leurs mœurs, leur législation, leurs croyances, — et il a déjà, nous l'avons vu, commencé son œuvre en plus d'un endroit — puis, dans l'ensemble de ses pratiques et de ses traditions, il ferait un choix et un partage : les éléments incompatibles avec la vraie civilisation et qui sont comme une cause de dégradation permanente, il travaillerait à les détruire, à les déraciner même, mais sans employer d'autres armes que celles de la persuasion ; — les

autres, qui ne sont que des débris de vérités altérées ou d'une morale amoindrie, il se bornerait à leur faire subir les modifications,
les transformations qui leur donneraient leur netteté première,
et la force civilisatrice dont ils sont aujourd'hui privés. — En un
mot, avec l'aide du temps et des puissants moyens dont il dispose,
le christianisme accomplirait parmi ces peuples qui ne peuvent
sortir d'où ils sont sans s'élever au-dessus d'eux-mêmes ou sans
tomber au-dessous, une profonde révolution, — non pas une de ces
révolutions qui ne savent accumuler que des ruines et d'où les
peuples ont tant de peine à se relever, quand ils n'y succombent
pas, — mais une de ces révolutions pacifiques qui construisent des
bases solides, au dessus desquelles on peut édifier un état social
prospère et durable.

Et tout le monde gagnerait à l'emploi et au succès d'une politique
si sage. Les Noirs accepteraient sans hésitation la domination
française dont on leur inculquerait le respect, en même temps que
les principes de la religion chrétienne qui leur serait enseignée par
des *Français*. Ils deviendraient ainsi, dans la plus large mesure où
il est permis de l'espérer, sujets de la France et de l'Eglise, sans
cesser d'être eux-mêmes, et sans perdre ce caractère de race, ce
fond primitif, ce qu'on peut appeler la *couleur de leur âme*, — qu'il
ne faut pas songer à leur enlever, pas plus que l'autre, sans les
condamner à périr.

CONCLUSION

Le 5 mars 1888, il y eut une grande alerte à la mission Sainte-Anne du Fernan-Vaz.

Les enfants, que les Pères élèvent à la Mission, se rendaient au lac, situé à quelques mètres, pour y faire leur toilette matinale avant la messe. Ils marchaient en rang, deux à deux ; ils étaient sur le point de franchir la clôture, lorsque tout à coup ils s'arrêtèrent pétrifiés : leurs yeux, comme fascinés, étaient fixés sur la croix qui domine la barrière ; pas un n'osait avancer. Bientôt les ouvriers arrivèrent, puis d'autres Noirs : on causait, on discutait avec animation, et tout le monde semblait effaré ; on finit par appeler les missionnaires. Quelle ne fut pas leur surprise, lorsqu'en arrivant dans le groupe, ils aperçurent sur la croix un serpent d'assez belle dimension. Le terrible animal avait enroulé sa queue autour d'un des bras de la croix, puis entouré de plusieurs replis le sommet, et enfin fait un dernier nœud autour du second bras ; il laissait pendre la tête ; et, heureux de cette position qu'il occupa, plusieurs heures, il semblait attendre. On le tua sur place. Alors on vit son corps se dérouler lentement, puis tomber comme une masse au bas de la barrière, pendant que la croix se dressait victorieuse, intacte, comme si elle n'avait rien eu à subir de son contact et de ses morsures..... Les Noirs, disposés à voir partout de l'extraordinaire, ne voulaient trouver à cette évènement qu'une explication : le fétichisme, représenté par le serpent, étreignait la croix comme pour la briser et s'efforçait de détruire un signe que l'enfer abhorre. Ils ajoutèrent que le triomphe de la croix, dans le pays, serait aussi prompt qu'il est assuré.....

Dieu veuille, en bénissant les travaux des missionnaires, réaliser dans un prochain avenir ces belles espérances.

Eug. Le Garrec.

JOIES ET TRISTESSES DU MISSIONNAIRE

I

Chez le roi Otando, grand chef de Ntyonga.

1888.

Lorsque le voyageur entre dans le lac Eliüa, à la hauteur de l'île Domè, il laisse à sa gauche, derrière une longue ligne d'arbres qui se dessine à l'horizon, un grand lac dont il ne soupçonne même pas l'existence, c'est le « *Ntyonga* ».

Séparé du reste de l'Eliüa par un étroit canal, le Ntyonga émerveille le regard de celui qui s'y engage pour la première fois. Une nappe d'eau à perte de vue avec ses îlots grands et petits, tantôt boisés et montagneux, tantôt unis comme un champ cultivé ; la terre, de chaque côté, uniforme et bordée de papyrus ou ondulée en collines les plus variées ; la forêt avec ses bruits mystérieux et les villages d'où partent mille cris joyeux qui vous saluent au passage : tout cela vous attire ; et quand, après avoir parcouru toute cette région, on a constaté la densité extraordinaire de la population et la sympathie enthousiaste avec laquelle elle accueille le missionnaire, on se retire profondément touché et consolé, car il semble évident que le jour de la grâce a enfin brillé pour cette partie de notre troupeau, et que, là aussi, le bon Dieu s'est choisi bien des élus.

J'avais déjà fait un voyage au Ntyonga, en mai 1887 ; et dès lors la plupart des chefs, comme premier gage d'amitié, nous confièrent leurs enfants ; mais depuis cette époque, nos travaux d'installation nous avaient empêchés de revenir dans cette région. Cette année, on résolut d'entreprendre une exploration nouvelle, et le R. P. Bichet me pria d'aller étudier sur place l'état réel de la population.

Je partis le lundi, 21 février.

Dès sept heures du matin tout était prêt ; quand j'eus terminé la sainte messe, les pagayeurs me firent prévenir qu'ils étaient assis et qu'on n'attendait plus que moi. Je serrai la main au P. Bichet et au F. Gustave ; et deux robustes gaillards m'enlevèrent dans leurs bras pour me déposer dans la pirogue. Au même moment,

Eglise Sainte-Anne au Fernan-Vaz.

seize pagaies frappèrent vigoureusement les eaux ; et notre embarcation bondit et fila comme un trait, avec un chant de triomphe.

Je fis un signe de croix en recommandant le voyage à sainte Anne notre patronne, et à saint Joseph dont le mois allait bientôt s'ouvrir.

Autour de moi, on chantait toujours, et on chantait à ravir. Les Nkomis ont la réputation que, du reste, personne ne leur conteste, de chanter avec plus d'accord et d'improviser avec plus de facilité qu'aucune autre tribu du golfe de Guinée.

Notre barde à nous s'appelle Ogala ; et le bouffon, l'homme qui a toujours le mot pour rire et qui fait rire à cœur joie, est un jeune homme bien fait, grand, robuste, énergique, du nom d'Ologo.

A côté de moi, je fis asseoir le vieux Nkanghé. Celui-là ne rame pas, c'est un roi, l'un des plus influents du lac. Je compte m'en servir comme guide et introducteur à l'occasion. Nkanghé, c'est l'homme qui ne craint personne et qui respecte tout le monde. Orateur habile, discuteur impassible, je l'ai vu dans les causes judiciaires les plus embrouillées, démêler par des stratagèmes aussi ingénieux que frappants, toute la trame d'une affaire, et terminer en laissant à ses auditeurs, outre la joie de voir la vérité, la satisfaction d'avoir passé un bon quart d'heure, sous l'influence de sa parole tantôt plaisante et moqueuse, tantôt solennelle et frémissante, pour revenir au ton du narrateur désintéressé et de l'avocat intègre. C'est un homme que tout le monde connaît et que tout le monde estime. Il peut avoir cinquante ans.

A ses côtés prirent place trois petits enfants du Ntyonga, élevés à la Mission, qui me serviront d'enfants de chœur durant le voyage, et qui sont tout frétillants de joie, à la pensée de revoir leurs villages et leurs mamans.

Nous avançons avec rapidité ; déjà la Mission ne semble qu'un point à l'horizon, et au bout de quelques heures, elle disparaît complètement derrière la pointe *Aroungou*, tandis que nous prenons vers le Nord.

Il est midi, le soleil darde sur nous ses rayons brûlants qui décuplent leur force dans le miroitement des eaux. Nous nous trouvons dans une atmosphère insupportable : pas un souffle dans l'air, pas une apparence de brise. Mes vêtements sont déjà trempés de sueur, et toutes les positions me semblent plus insupportables les unes que les autres. Quant à mes hommes, ils rament avec plus de vigueur que jamais, et chantent à tue-tête.

Tout à coup, Ologo se lève et se met debout sur le devant de la pirogue ; tous les regards se fixent sur lui.

Avec le plus grand sérieux du monde, il se tourne vers tous les points de l'horizon, en faisant de grands gestes et en soufflant...

Quand il eut fini. — Ologo yami ! s'écria-t-il, pourquoi fait-il si

chaud ? le savez-vous, vous autres ?... Père, ajouta-t-il en se tour-
nant vers moi, la brise est là-bas, mais la besogne est rude...

Je compris, et m'empressai de donner à tous un petit rafraî-
chissement.

Du reste, une brise assez forte accompagnée d'une petite pluie
fine, vint bientôt rafraîchir tout le monde. On hissa la voile, et
chacun exhiba sa ration de la journée. L'un apportait des bâtons de
manioc, soigneusement enveloppés et ficelés dans des feuilles
d'*Ikongo;* l'autre tirait d'une vieille caisse, une pincée de sel, un
flacon à moitié rempli de jus de citron et de piment ; un troisième
dénouait quelques vieux chiffons renfermant d'antiques débris de
poissons secs, témoins et victimes des dix repas précédents, mais
n'importe... ; enfin tout le monde apportait quelque chose.

Dès que le partage fut fait, on n'entendit plus rien. Les Noirs
causent peu en mangeant et ne boivent qu'après. En revanche,
après la levée du couvert, c'est le moment des histoires, des
légendes et des bouffonneries. Ce jour-là, on s'en donna à cœur
joie. La brise nous poussait doucement, les paysages les plus
variés semblaient défiler à notre droite en se jouant avec mille
caprices, tandis qu'à notre gauche, vers le large, quantité d'embarcations allaient et venaient, donnant au lac une vie et une animation qui réjouissent les yeux.

Vers le soir, nous franchissons la pointe Ishokè, et nous entrons
dans le passage qui relie le Ntyonga à l'Eliüa-ji-Nkomis. Mais la
nuit approche, et il serait imprudent de s'engager trop loin à cause
des hippopotames qui se baignent en ces parages : ces monstres
vous briseraient sans peine une pirogue, pour inviter à leur repas
du soir les voyageurs qui passent.

Nous nous arrêtons pour passer la nuit, chez un de nos amis
nommé Igalo. C'est un homme d'une haute stature, jeune encore,
— il peut avoir trente-cinq ans — très riche en esclaves et en marchandises européennes; mais sa physionomie est empreinte d'une
profonde tristesse. Il parle peu, essaie parfois de sourire, contredit
rarement, et semble toujours repasser dans sa mémoire des souvenirs douloureux.

Il m'apporta des poules, des nattes et des bananes qu'il déposa
à mes pieds en me disant : « Mon Père, tu es venu; Igalo te donne
ces petits présents, tu passeras la nuit chez moi, ma case est à ta
disposition pour toi et tes petits enfants. »

* *

Le lendemain, dès cinq heures nous étions en route. C'est le
moment délicieux de la journée ; et vous dire les émotions que l'âme
éprouve alors au milieu du silence de la nature, serait impos-

sible. Les pagayeurs eux-mêmes semblaient sous le charme et ramaient sans bruit.

Tout à coup retentit en l'air un cri bien connu de tous les voyageurs d'Afrique : c'est le martin-pêcheur qui chante ainsi chaque matin à la même heure comme pour annoncer le jour. Il était 6 h. du matin. Derrière Ahilé, le soleil semblait se lever de la forêt, comme dans un océan de feu ; et tout le ciel, jusqu'alors terne et comme empreint de tristesse, revêtait les teintes les plus vives et les plus harmonieuses ; on eût dit que la vie s'emparait de la nature, tout à l'heure morne et silencieuse. L'aigle et le coungou prennent leur essor et planent dans les airs ; l'hippopotame descend de la plaine où il a passé la nuit, et se plonge avec jouissance dans les eaux, tandis que de la forêt, de la plaine, de tous les villages, un murmure confus, d'abord presque imperceptible et s'accentuant peu à peu, parvient jusqu'à nous comme un hymne de reconnaissance et d'amour, un chant perpétuel tous les jours renouvelé par les créatures à la louange d'un créateur qu'elles ne connaissent pas.

Devant nous, le Ntyonga se présente dans toute son étendue ; une foule de petites pirogues le sillonnent en tous sens, parfois quelques-unes, plus hardies, s'approchent plus près de nous, pour héler les hommes, et peut-être aussi pour voir la couleur de ma figure, ce à quoi, du reste, je me prête toujours de fort bonne grâce.

Je ne m'arrêterai pas à décrire toutes les personnes originales que j'ai rencontrées dans mon chemin, ni les extravagances que beaucoup de ces pauvres gens croyaient prescrites par l'étiquette pour la réception d'un Blanc ; cela nous conduirait trop loin dans le genre grotesque et comique. Quant aux villages, tous se ressemblent, les uns plus grands, les autres plus petits, tous habités par des vieux qui marchent vers la tombe et par des jeunes qui visent leur succession, les uns et les autres protégés par les mêmes fétiches et croyant aux mêmes superstitions.

*
* *

Au bout de quatre jours, après avoir visité près de la moitié du Ntyonga, nous arrivons à un village qui porte le nom d'Eloby et qu'habite le Très Illustre et Très Respectable *Otando okouende g'Intyounou, Otando à la queue de fourmi.* Otando est le roi et le possesseur du Ntyonga.

Dès que nous eûmes mis pied à terre, Eteno Nkanghé me dit : « Père, marche derrière moi et ne réponds au salut de personne avant d'avoir vu Otando ; et devant lui garde le silence, jusqu'à ce qu'il t'ait salué le premier, car tu es son étranger. »

A travers un dédale de cases grandes et petites, cases d'esclaves et d'hommes libres, nous arrivâmes en face d'un hangar où Otando reçoit les visiteurs et rend la justice.

Il était assis sur un vaste lit en bambous tressés et s'occupait à râcler des lianes. On m'offrit une chaise, mes gens prirent place derrière moi; et Nkanghé, appuyé sur son bâton, se mit en face du roi. Autour de celui-ci, vint se ranger peu à peu l'aristocratie de l'endroit.

Je profitai du silence pour examiner mon ami Otando. Petit de taille, louche au possible, il n'a pourtant rien de laid dans sa personne. Les années ont blanchi sa vieille tête, qu'il tient droite et d'aplomb sur de larges épaules; le bien-être dans lequel il a vécu depuis son enfance a développé un embonpoint respectable; et son caractère, doux et énergique à la fois, a fait de lui un chef accompli.

Après un silence assez long, durant lequel tous semblaient méditer, on se décida à parler enfin.

— Eténo Nkanghé! dit Otando.

— Oh!

— Eténo Nkanghé.

— Oh!

— Ah! Nkanghé, qu'y a-t-il donc?

Alors Nkanghé s'avançant, s'inclina devant Otando, et lui serra la main. Puis revenant à sa place :

— Otando, dit-il, je dis que...

— Tu dis que?...

— Hé! je dis que le missionnaire t'a aimé, que le missionnaire a voulu te voir, et que le voici devant toi.

— Yo! yo! fit l'assistance.

Otando dressa fièrement la tête et fixa ses yeux sur moi :

— Missionnaire, dit-il, sois vivant.

— Oui, sois vivant aussi.

— Je te dis que...

— Tu dis que?

— Hé! tu vois d'ici le Ntyonga tout entier...

— Hé!

— Cette eau est à moi...

— Hé!

— Ces îles sont à moi...

— Hé!

— Ces forêts, ces plaines, toute cette terre est à moi...

— Oui, Otando, tu es un grand roi!

— Tu as vu les nombreux villages qui bordent les rives du Ntyonga?

— J'en ai compté plus de cinquante...

— Cinquante! mais as-tu parcouru les *mpindis* (habitations) qui abondent au milieu de ces forêts qui te semblent inhabitées? As-tu compté les familles innombrables d'hommes libres et d'esclaves qui travaillent dans les terres à recueillir le caoutchouc et à faire l'huile de palmes, ou qui chassent l'éléphant? As-tu vu nos immenses jardins où l'on cultive le manioc, la patate et la banane? Regarde toutes ces pirogues qui, du matin au soir, sillonnent notre beau lac; elles sont chargées du produit de notre travail et se rendent aux factoreries où, en échange, nous recevons du sel, des pagnes, de l'eau-de-vie et du tabac. Tout ce monde, ce sont mes enfants...

As-tu parcouru aussi la grande plaine qui fait presque le tour du Ntyonga et par laquelle, quand j'étais jeune, alors que les Blancs n'avaient pas encore paru dans notre pays avec leurs navire fumants, j'allais avec mon père visiter nos voisins. Eh bien! ce e plaine, elle est parsemée de villages habités par des Nkomis, qui sont aussi mes enfants : mais ceux-ci ne possèdent aucune pirogue, et ils ne voyagent que dans les terres.

Ah! Missionnaire! j'ai entendu parler de vous autres! On m'a dit que ce grand village que vous avez établi à Igoumbi et qui s'appelle Sainte-Anne est la merveille de l'Eliüa-ji-Nkomis: c'est bien! vous instruisez nos enfants, vous nous enseignez que le Blanc et le Noir sont frères, et que notre Père, c'est le Dieu du ciel... On m'a dit tout cela, et dans ma vieillesse, j'ai désiré te voir et entendre ta voix... Mais... Ah! Missionnaire!

— Ah!

— Sache bien, Missionnaire, que Sainte-Anne est éloigné du Ntyonga, et que nous ne pouvons conduire si loin nos enfants, pour les faire instruire : nous redoutons les fatigues et les dangers du voyage; les gens de la plaine n'ont pas de pirogue, mais ils ont beaucoup d'enfants que tu ne verras jamais dans l'Eliüa. Tu dis que tu es venu pour instruire les Nkomis; viens donc aussi enseigner la population du Ntyonga qui ne peut aller jusqu'à vous.

« Des missionnaires américains sont venus, il y a de cela environ la durée d'une lune, et ils ont voulu acheter un coin de terre pour s'établir ici; je ne leur ai rien répondu, car je voulais te voir; mais aujourd'hui, Missionnaire, dis-moi, viendras-tu au milieu de nous, ou bien faut-il ouvrir le Ntyonga aux missionnaires américains? J'ai dit. »

Ces dernières paroles retentirent dans mon âme, comme un coup de foudre, elles me plaçaient en face d'un danger imminent.

Je répondis à Otando que nous viendrions chez lui sans tarder.

— « Eh bien! répliqua-t-il, choisis dans tout le Ntyonga l'endroit qui te plaira; je te le donne, tu es devenu de ma famille, c'est moi qui te protégerai »

Je passai auprès de ce brave homme le reste de la journée; on échangea des cadeaux; on causa de choses et d'autres, du bon vieux temps où *Otando okouende g'Intyounou* avait encore des cheveux noirs et des dents ; et il me donna son appréciation sur une foule de choses, avec beaucoup de bon sens et pas mal d'esprit.....

J. B.

II

Esclavage et Rédemption.

Noël 1891

Les fêtes qui attirent les plus grandes foules à la Mission du Fernan-Vaz sont les solennités de Noël, de la Fête-Dieu et de sainte Anne. Mais la fête de Noël en 1891 a été remarquable entre toutes.

Le dimanche précédent, on leur avait dit : « Mes enfants, à mercredi soir ! De mercredi à jeudi ce sera la grande nuit, la nuit de Noël. »

Les trois canons de Sainte-Anne avaient été fourbis pour la circonstance et redressés sur leurs affûts, car c'est leur privilège d'annoncer au pays la naissance du libérateur.

Ces vieux canons datent de longtemps : ils ont été apportés dans le pays par les traitants, Portugais et Américains, qui faisaient le commerce de chair humaine entre le cap Lopez et le cap Sainte-Catherine.

Les négriers s'échelonnaient le long des rivières et jusqu'aux sources du Rembo Nkomi ; et lorsque sur la haute mer, à l'horizon de cette immensité au-delà de laquelle le sauvage ne sait plus rien, une voile apparaissait, si l'on voyait au grand mât flotter le sinistre drapeau noir, le marchand de la côte tirait un coup de canon ; de l'intérieur un autre coup lui répondait, puis un autre ; et bientôt, de poste en poste, les canons de la rivière avaient jeté aux extrémités du pays la terrible nouvelle. Quelques jours après, les marchands arrivaient, chacun amenant son troupeau : la cargaison de chair humaine était vite embarquée, et le vaisseau repartait.

Cette époque fut bien triste pour les Nkomis, et les vieillards se souviennent encore de la voix de ces canons qui, au temps de leur enfance, retentissait sur les bords du beau lac. En ce temps-là, c'était pour les femmes, les enfants, les faibles, un signal qui les faisait fuir précipitamment au fond des bois.

A l'abolition de la traite, les négriers ont disparu ; mais çà et là on retrouve encore, aux endroits qu'ils occupaient, les canons de l'esclavage ; nous en avons pris trois pour les placer à la Mission. Aujourd'hui, quand le son puissant de leur voix retentit sur le

Fernan-Vaz, les Nkomis tressaillent d'allégresse, car nos canons ont échangé leurs fonctions odieuses contre un symbole pacifique; quand ils tonnent maintenant, c'est pour annoncer *la bonne nouvelle*, la naissance de Jésus libérateur et la paix au genre humain.

La veille de la fête, leur grande voix se fait entendre : c'est le signal impatiemment attendu ; tous les cœurs tressaillent ; et bientôt on voit apparaître, dans toutes les directions, les embarcations les plus variées : les unes ouvrent à la brise leurs voiles pittoresques ; d'autres, montées par de vigoureux rameurs, rappellent par leurs gracieuses évolutions les baleinières de France ; et tout le monde, auprès et au loin, chante à tue-tête en rythmant les cantiques au mouvement des pagayeurs. Les cloches dans le clocher carillonnent pour leur répondre ; et cela est si beau qu'on rêve malgré soi au pays de « chez nous. »

Chrétiens et catéchumènes sont accourus en foule, et beaucoup de païens les ont accompagnés ; en tout, il y en a bien quatre à cinq cents ; et parmi eux un grand nombre ont dû faire, pour venir à la fête, de vingt-cinq à trente lieues. En arrivant, on se confesse tout d'abord ; puis on va dire bonjour aux amis du voisinage ; et quand la nuit approche, on se prépare à la grande veillée.

Tous les Européens établis au Fernan-Vaz se sont donnés rendez-vous à Sainte-Anne pour célébrer en famille le joyeux Christmas.

A neuf heures du soir, trois détonations formidables retentissent, accueillies par des hourras enthousiastes : la fête est commencée !

Dans la grande case des catéchismes se presse la foule impatiente, exubérante, émue ; les uns frappent le tamtam, les autres chantent. Chants nkomis, cantiques français, joyeux Gloria de Noël se succèdent tour à tour : c'est un délire de joie ! A les entendre de loin, on se croirait à l'un de ces grands pèlerinages de France où l'on passe la nuit à deviser, à chanter et à prier en attendant le jour, le jour du Pardon.

Vers dix heures, nouveau coup de canon : alors un des missionnaires apporte la lanterne magique. Ne riez pas, la lanterne peut devenir un puissant instrument de prédication au pays noir.

La machine est placée derrière un vaste drap blanc ; on éteint les torches ; et la représentation commence, pleine de surprises, stupéfiante, merveilleuse. Les sujets sont en rapport avec le mystère de la fête ; nos pauvres Noirs sont ébahis ; leur bonheur est indescriptible ; et lorsque paraît le dernier tableau, « Naissance du Sauveur dans la crèche de Bethléem, » avec des anges dans les airs, les bergers à genoux, le défilé des rois, enfin l'Enfant Jésus qui resplendit au milieu de ses adorateurs... on les acclame, on les invoque ;

on souhaite la bienvenue au divin Enfant; et l'on finit par faire comme les anges et les bergers, on entonne leur cantique *Gloria in excelsis Deo.*

Ainsi bien vite s'écoule la soirée. A onze heures, les cloches sonnent un premier carillon; les cours et les maisons de la Mission s'illuminent de lampions fabriqués par les enfants de l'école; l'heure solennelle approche. Les riches dénouent alors leur petit paquet, revêtent un pagne plus beau, et se drapent dans leur cappa à la manière classique des anciens; et lorsqu'au coup de minuit les cloches s'ébranlent de nouveau, cinq ou six fois, coup sur coup, les canons retentissent; et la foule, devenue recueillie, fait en silence son entrée à l'église.

Maintenant, voyez quel recueillement! Les uns égrènent leur chapelet, les autres chantent; et pendant que le *Père* a grand'peine à retenir ses larmes, grisé lui-même par l'incomparable harmonie de toutes ces voix et de tous ces cœurs, les païens regardent; ils sont empoignés, attendris; l'attrait de la grâce se fait déjà sentir sur plusieurs; et l'année prochaine beaucoup de ceux qui sont venus aujourd'hui en curieux seront au rang des catéchumènes.

... En voyant ce spectacle renouvelé de Bethléem, ne comprenez-vous pas que, malgré des souffrances sans cesse accrues, malgré les dangers et les fièvres, malgré tant d'ingratitudes prévues mais toujours douloureuses, le missionnaire s'attache à son œuvre avec un invincible amour et ne recule jamais devant un sacrifice!

J. B.

III

La tornade.

Juillet, 1892.

Dernièrement, je me suis distrait à relever, dans vos lettres, les reproches dont on ne cesse depuis cinq ans de me morigéner. Cette lecture rétrospective m'a fait quasi sourire; peu s'en faut même que je n'aie senti un mouvement de vanité, en voyant comme, sur un si pauvre sujet, on a pu exécuter d'aussi riches variations. Et votre verve, au bout de tant d'années, ne semble pas près de tarir, car aujourd'hui j'apprends qu'on me met en chanson, avec une ritournelle renouvelée de notre enfance : *Joachim, tu dors!*

Hé oui, hélas! il a dormi, le pauvre Joachim, si du moins c'est *dormir* que de rester immobile, couché sur un lit. Mais gardez-vous, mes amis, d'ajouter à votre chanson le refrain du poète :

Placida laxabat membra quiete... (1)

car j'étais en proie à la fièvre et au délire, avec, en guise de distraction, des crises de vomissements bilieux.

Voici ce qui est arrivé.

Après l'achèvement des travaux de notre église, le bon Dieu m'a accordé un petit bonheur parfait, tel qu'on en trouve dans les rêves. Tout allait à merveille ; nous vivions même à l'aise, grâce à de légères économies que j'avais pu réaliser en diminuant mes dépenses, en augmentant les plantations, et en faisant la cuisine moi-même au lieu de la confier à un noir qui nous gaspillait tout et coûtait fort cher. J'avais pu augmenter le nombre des enfants jusqu'à cinquante ; deux postes de catéchistes avaient été fondés dans le lac, à Askebé et au Ntyonga, et un autre encore à Ngové ; enfin, le Samedi-Saint de cette année, j'ai eu le bonheur de faire le premier baptême d'adultes convertis, à la Mission de Sainte-Anne.

Tout allait donc à souhait ; et nous ne pensions plus à l'histoire du saint homme Job, lorsque le 3 avril, le diable arriva.

La matinée fut calme, très chaude comme d'habitude, puis à midi la chaleur devint insupportable : pas d'air, impossible de respirer ! Le dîner ne fut pas long, l'appétit manquait ; et nous étions déjà en récréation, lorsqu'à 1 h. 5 min., nous sentons la maison tressauter, les fenêtres se brisent en se fermant, les chaises sont lancées à vingt mètres dans la cour, les lits et les tables déplacés dans les chambres... puis, un grand fracas !... Oh ! mon Dieu ! Quel serrement de cœur, toute la toiture de notre église volait dans les airs ! Les plaques de tôle, arrachées et tordues, voltigent au-dessus des plus grands arbres de la forêt, et sont dispersées au loin. Nous en avons retrouvé des fragments à plus de cinq cents mètres !

Pendant ce temps, le dortoir de nos enfants s'effondre, — une maison de vingt mètres sur huit, — écrasant les lits sous ses décombres et détruisant toute la lingerie. Quelle désolation ! Notre troupeau effaré courait dans toutes les directions ; la terreur était partout !

La trombe qui venait ainsi de nous ruiner, avait à peine duré deux ou trois minutes. Puis il se fit un grand silence ; la température devint insupportable : pas d'air, et un soleil de plomb !

Au bout d'une demi-heure, voilà qu'une pluie torrentielle, comme on n'en voit que dans ces régions tropicales, vient tout-à-coup mettre le comble au désastre. En quelques minutes, l'église n'est plus qu'un lac ; les autels, les statues, notre sacristie, tout est inondé ; et au dehors, dans la cour, les enfants consternés nous

---

(1) VIRGILE : *Son sommeil était calme, il se reposait.*

crient en pleurant : « Père, où coucherons-nous ce soir ? » Pauvres petits, ils n'avaient même pas un pagne de rechange; et ils grelottaient sous la pluie.

Je couchai les uns dans notre réfectoire, les autres dans la cuisine ou dans nos magasins; plusieurs ne trouvèrent d'autre abri que la véranda. Et, le lendemain, je pus enfin examiner avec calme l'étendue du désastre. Le désastre était grand, et il n'y avait pas de temps à perdre pour l'empêcher de s'étendre : mais avant tout, il s'agissait de faire bonne contenance, sous peine de déconcerter tout mon petit monde.

Tout marcha bien les premiers jours; mais le coup avait été trop rude; et une semaine après, brisé d'émotions et de fatigues, il me fallut capituler devant la maladie.

. . . .

Je suis allé à Libreville pour mendier quelques secours. Mais le Vicariat est pauvre ; néanmoins toutes les stations se sont mises à contribution pour offrir une aumône de 2,000 francs. C'est beaucoup pour eux, beaucoup trop pour des gens qui vivent eux-mêmes d'expédients et d'aumônes; pour nous c'est trop peu, car nos dégâts peuvent s'évaluer à près de 10,000 francs.

Mais crois-tu que sainte Anne puisse nous abandonner ?

J. B.

IV

La Médaille de la Négresse.

Traduction d'une lettre adressée à de petits écoliers bretons.

Ce jour-là j'avais marché longtemps, longtemps, sans rencontrer aucun village, et je n'en pouvais plus de fatigue. Rien de plus difficile que de voyager dans un pays où il faut continuellement gravir des montagnes, franchir des ruisseaux ou des rivières, traverser des marécages... Mais aucun obstacle ne peut nous arrêter : un missionnaire doit toujours aller de l'avant, à la recherche des âmes. Vous savez ce que font chez vous les jeunes bergers, quand arrive le printemps. On les voit parcourir les champs, grimper dans les arbres et fouiller les haies; bientôt, joyeusement, ils s'interpellent : moi, dit l'un, j'ai découvert un nid; et moi, dit un autre, j'en ai trouvé un tout plein d'oiseaux... C'est ainsi que fait le missionnaire : il va, à travers les forêts immenses, le long des cours d'eau; et lorsque ses efforts ont été couronnés de succès, il oublie ses fatigues, et quand il revoit ses confrères, il leur dit, avec une grande joie: Remercions Dieu, j'ai trouvé un village et j'ai parlé à ceux qui l'habitent.

Mais ce jour-là, je n'avais pas encore eu ce bonheur. Il était déjà trois heures et je n'avais aperçu aucune habitation. Tout à coup je vis, marchant dans ma direction, un jeune Noir. « Bonjour, Père, me dit-il quand il fut rendu près de moi. Où donc allez-vous ainsi? Vous n'avez pas l'air de bonne humeur. — Comment veux-tu que je sois content, quand je ne trouve pas ce que je cherche. — Vous cherchez quelque chose de perdu? — Hélas! tu dis vrai. Je suis à la recherche des âmes égarées, pour les mettre dans le chemin du paradis. Mais depuis ce matin je n'ai rencontré que des animaux sauvages, ou des oiseaux épouvantés qui s'envolaient à mon approche. Je voudrais pourtant, avant la nuit, avoir la consolation de baptiser quelque enfant ou de visiter quelque malade. — Cela tombe bien, me dit le Noir, suivez-moi et je vous ferai voir une personne malade, mais si malade que jamais sans doute vous n'en avez vu de semblable. — Que veux-tu dire? — Il y a dans notre village une vieille femme, tellement âgée qu'il est impossible de rien trouver de si vieux: les vieillards d'aujourd'hui n'étaient pas encore nés qu'elle était déjà vieille. Depuis quelques mois, elle est en proie à une maladie qui répand une odeur épouvantable. Ah mais! ça pue!... Si vous voulez la voir, je vous dirai où elle demeure. — Est-elle baptisée? — Comment dis-tu? baptisée? on ne baptise pas ça... »

Je me remis en route avec mon guide. Au bout d'un quart d'heure, nous arrivâmes auprès d'une cabane si petite qu'il était impossible à un homme de se tenir debout à l'intérieur. Un tout petit trou y donnait accès. Comme je cherchais une autre ouverture, mon compagnon, tout en faisant le geste pour empêcher l'odeur d'arriver à son nerf olfactif, me dit: « Mais entrez donc! — Et par où veux-tu que j'entre? je ne vois pas la porte. — Il n'y a, me répondit-il, d'autre porte que ce trou que vous apercevez. »

Il fallait pourtant aller à l'intérieur. J'y parvins avec beaucoup d'efforts. Une fois entré je me mis de côté, afin que la lumière qui pénétrait par cette petite ouverture me permit de voir ce qui se trouvait dans la cabane. Jamais je n'avais eu un spectacle semblable sous les yeux. Dans cette misérable hutte se trouvait une pauvre vieille, étendue sur la terre; le mal qui la dévorait avait déjà rongé les extrémités des jambes; les moignons enflés et tordus n'étaient qu'un amas de chair pourrie; le corps entier était couvert d'ulcères; sa tête était plutôt celle d'un squelette: quelques rares cheveux; deux oreilles démesurément longues qu'elle avait travaillées dans son jeune temps à agrandir par coquetterie; deux ou trois dents qui tremblaient dans sa bouche...

La pauvre créature m'examina avec des yeux d'épouvante.
Après m'avoir bien considéré, elle se mit à crier : « Sors vite de
chez moi ; sors vite ; jamais je n'ai rien vu d'aussi laid que toi.
— Allons, allons, ma bonne femme, répondis-je, vous n'êtes déjà
pas si belle, non plus, à ce qu'il me paraît. Et puis, voyez, je vous
apporte un peu de nourriture. — Eh bien ! donne-m'en : car je suis
abandonnée de tout le monde, et je ne mange que lorsque par
hasard on passe auprès de ma cabane. »

Je lui donnai un fruit. Quand elle l'eut mangé, elle me regarda
avec colère : « Va-t-en, mais va-t-en donc ! Je suis fatiguée de te
voir. — Ce n'est pas la peine de vous mettre si fort en colère. Vous
aurez beau crier, je ne sortirai pas. Je veux vous parler de votre
âme. — Cela ne te regarde pas. — Cependant vous voilà bien âgée
et votre mal empire. — Qu'est-ce que cela peut te faire ? — C'est
votre état qui m'amène auprès de vous, pour vous parler du bon
Dieu. — Ne me parle pas de ton Dieu, j'ai entendu parler de lui
autrefois : il s'agit, n'est-ce pas, de celui qui a été attaché à une
croix ? si c'est là ton Dieu, garde-le pour toi. Nous avons le nôtre ;
que chacun fasse à sa guise. Et maintenant, va-t-en ! — Vous en
parlez à votre aise. Pourtant si vous n'êtes pas baptisée, vous irez
en enfer. — L'enfer ! qu'est-ce que c'est que ça ? — L'enfer est un
lieu de souffrance, où l'on est brûlé, vous entendez bien, où l'on est
brûlé par un feu qui ne cessera jamais ! — Eh bien ! à la bonne
heure : le feu me fait du bien à moi ; quand j'aurai froid, je me pla-
cerai auprès du feu ; quand j'aurai l'onglée, je sauterai au milieu des
flammes. Et puis mon père et ma mère y sont, mes amis et mes
voisins y sont aussi : ce sera un bonheur de les retrouver. Je te
remercie de tes paroles : je suis très heureuse d'aller en enfer... »
Et la voilà partie à décrire longuement ses joies futures.

Ce langage n'était pas encourageant. Et pourtant je ne pouvais
consentir à laisser cette âme se perdre. Je montrai à la pauvre
vieille une médaille de la Sainte Vierge. « Quel est cet objet,
demanda-t-elle, et par qui a-t-il été fait ? — Cette médaille a été
fabriquée par les Blancs de mon pays. — Les gens de ton pays
sont intelligents. Qu'est-ce qu'on a mis dessus ? — Ecoute bien ce
que je vais te dire : ceci est l'image de la Sainte Vierge. La Sainte
Vierge est une reine incomparable, qui se fait également obéir au
ciel et sur la terre, qui garde les bons et même parfois les
méchants, car elle veut les remettre dans la bonne voie. — Si il en
est ainsi, dis-lui de ma part, quand tu la verras, que je l'aime de
tout mon cœur. — Il vaut mieux que vous vous adressiez à
elle directement. Cela n'est pas difficile. Il suffit de lui dire :
« Sainte Vierge, protégez-moi ! »

Aussitôt la malade saisit la médaille avec les doigts qui lui res-
taient, et se mit à dire de tout cœur la prière que je venais de lui

inspirer : « Sainte Vierge, protégez-moi ; Sainte Vierge, protégez-moi. »

Quelque temps après, je repris le chemin de la Mission ; mais en m'éloignant, je l'entendais encore pendant quelques minutes répéter les mots que je lui avais appris : « Sainte Vierge, protégez-moi. »

Le lendemain, le Noir qui m'avait servi de guide arriva à la Mission de bonne heure. — « Venez vite ! la vieille femme, vous savez, celle qui sent si mauvais... — Eh bien ! qu'est-ce qui lui est arrivé ? — Je n'en sais rien, mais ce matin, en passant auprès de sa hutte. je l'ai entendue qui appelait. Je m'en suis approché, elle m'a dit qu'elle a besoin de vous parler. »

Je franchis de nouveau la distance qui séparait la Mission de la cabane de la malade. En arrivant, les premiers mots que j'entendis étaient précisément ceux que j'avais entendus la veille : « Sainte Vierge, protégez-moi. » — Eh bien ! qu'y a-t-il de nouveau ce matin ? dis-je en entrant dans la hutte. — Viens, répondit la vieille, viens vite, je ne sais vraiment ce qui m'arrive : mon cœur est comme broyé, je ne suis plus la même qu'autrefois. Depuis que tu m'as parlé de cette puissante reine, mes idées sont bouleversées. La nuit entière, j'ai cru entendre une voix qui me parlait avec une douceur inexprimable. Jamais je n'ai entendu des paroles aussi ravissantes. Cette belle reine a fait fondre mon cœur de joie par ce qu'elle m'a dit. — Qu'est-ce qu'elle vous a dit ? — Que je devais me laver la tête (se laver la tête, c'est se faire baptiser). — Je comprends bien ; mais vous ne voulez pas entendre parler du Bon Dieu. -- Pour faire plaisir à la Sainte Vierge, je ferai tout ce que vous voudrez. » Je me mis à lui apprendre le catéchisme, me bornant à ce qu'il est strictement nécessaire de savoir pour être baptisé. A mesure que je donnais des explications, la pauvre femme disait : « Oui, je crois, j'aime le Bon Dieu de tout mon cœur. » Et pendant qu'elle parlait, les larmes lui coulaient des yeux. Et moi-même, je ne pouvais m'empêcher de pleurer, à la vue de tant de maux rassemblés dans un seul corps, à la vue aussi de l'infinie miséricorde de Dieu à l'égard de cette pauvre femme. Je lui administrai le baptême ce jour-là même. Décrire sa joie est impossible : « Si tu vois le bon Dieu, disait-elle naïvement, aie bien soin de lui dire que je l'aime maintenant et de tout mon cœur. Sainte Vierge, protégez-moi. »

Je revins à la Mission en remerciant Dieu et la Vierge Marie. Le lendemain, on m'apprit que la vieille était morte quelques heures après mon départ.

V

Rêve réalisé.

Lettre du Missionnaire à son Frère aîné. professeur à Ste-Anne d'Auray.

I

Novembre, 1892.

Cette fois, c'est sérieux ! On me dit que je n'écris même plus une fois l'an, qu'on ne sait pas où je suis, que c'est un malheur que ma plume se soit desséchée au soleil d'Afrique ; et tout cela en quelques lignes sévères qui m'ont fait réfléchir.

Quelles que soient tes souffrances, me dis-tu, quelles que soient aussi tes occupations, écris-moi.

Des souffrances ! mon cher Jérôme, je t'assure que pour le moment je n'en ai même pas l'ombre ; la catastrophe du mois d'avril a été la dernière ; en ce moment tout a été réparé ; et l'œuvre de Sainte-Anne ne fut jamais plus florissante.

Aussi, M. Vitter de Kerraoul, administrateur colonial, — chargé par le gouvernement de visiter nos établissements du Congo français, — a-t-il pu dire, il y a quelques mois, dans un rapport adressé à M. de Brazza, que, de toutes les Missions catholiques de la colonie, la mieux organisée et la plus prospère était celle de Sainte-Anne du Fernan-Vaz ; ce qui nous a valu, de la part du gouverneur, une gratification de 2,000 francs.

Plus tard, — qui sait? peut-être bientôt, — en nous promenant sous les vieux chênes de Sainte-Anne d'Auray, ou dans les sentiers de notre village natal, nous pourrons en causer et nous dire tout ce que huit années de séparation ont pu nous apprendre.

Alors, mon bon Jérôme, tu retrouveras ton frère avec son cœur aussi jeune et plus affectueux encore qu'autrefois. Dans son français inculte et quelque peu barbare pour tes oreilles de professeur, il te fera voir des horizons inconnus. Nous courrons, — en esprit, — la brousse et la vaste forêt africaine ; tu verras nos plaines immenses avec leurs oasis jetées çà et là sur une source d'eau jaillissante, providence du voyageur. Je réunirai devant toi la nation des Nkomis ; tu entendras la rumeur de tout un peuple et ses acclamations, les pirogues pavoisées sillonnant le grand lac, les costumes plus pittoresques encore ici qu'aux fêtes de Sainte-Anne d'Auray ; et en contemplant la bonne tenue de nos pèlerins, ces sauvages d'hier ! en entendant les chants si doux de la langue nkomi, composés sur nos vieux airs bretons, ton cœur tressaillira de joie, et tes yeux ne pourront retenir des larmes de bonheur !

Mais quand nous entrerons dans la hutte où gît le lépreux, où agonise le moribond, où l'idiot se tord de rire, — quand, au milieu de la nuit sombre, tu auras assisté aux scènes diaboliques du fétichisme, que des fantômes fendront les airs au-dessus de ta tête ; — quand tu auras presque touché du doigt la misère morale du peuple africain,... alors tu comprendras que le missionnaire ne puisse se résoudre à quitter son poste. S'il est vrai que l'odeur de la poudre et le bruit du canon enivrent le soldat, le contact des âmes qu'il façonne hypnotise et retient le missionnaire.

Ah ! sans doute, il m'eût été bien doux d'assister à l'ordination de mon frère ; il y a un an, je me proposais bien d'y être ; mais la mort est venue brusquement nous prendre de nouvelles victimes. Le Vicariat comptait vingt-deux missionnaires ; et voilà qu'en dix mois, huit d'entre eux sont tombés, — sans parler des Frères et des Religieuses.

Dis-moi, est-ce que tu voudrais me faire déserter le champ de bataille dans ces conditions-là ?

Dis à ma mère d'attendre encore. Je comprends son impatience ; mais est-il possible qu'elle ait pu me soupçonner d'indifférence et d'oubli !... Pauvre mère, si elle savait ! si elle voyait ce qu'un tel soupçon fait monter de larmes à mes yeux pendant que je trace ces lignes !

> Si je ne l'aimais pas, qui donc pourrais-je aimer ?
> Quand son cœur au mien seul semble se ranimer !
> Lorsque dans tout le jour, peut-être, il n'est pas d'heure
> Que sa pensée aimante autour de ma demeure
> Ne vienne, redoutant mille périls, hélas !
> Oh ! qui pourrais-je aimer, si je ne l'aimais pas (1).

Si je ne la voyais là tous les jours, me tendant les bras, m'appelant sans cesse, je resterais en Afrique aussi longtemps que j'aurais un souffle de vie ; mais elle est ma mère, elle veut me voir et c'est son droit : j'irai.

J. B.

II

Lettre à son plus jeune Frère, récemment ordonné.

Janvier 1893.

Arriverai-je à temps pour la fête de ta première grand'messe ? Je crains fort d'être en retard : il est du reste devenu proverbial que Joachim devient tortue ;... d'aucuns me regardent même comme un infidèle ou un trépassé, et se contentent d'envoyer de loin en loin un souvenir à mes cendres.

(1) BRIZEUX : *A ma mère.*

Chasse à l'hippopotame.

Et moi qui ne vis que de vous! qui rêve sans cesse à ceux qui m'ont aimé et qui m'ont souhaité au départ une abondante moisson d'âmes et d'épreuves! A mesure que je vieillis, les impressions de ces derniers jours passés en famille me pénètrent de plus en plus, et mon affection pour vous a des tendresses... que vous ne soupçonnez pas.

Que de fois je revois dans son humble fauteuil notre vénérable mère, qui pleurait en m'écoutant et en suivant par la pensée les phases diverses de mon apostolat: si son regard pouvait s'étendre sur l'océan, à chaque navire qui passe elle demanderait sans doute: « Cette fois du moins, est-ce que tu ramènes mon fils? »

Hélas! les années s'écoulent, et mère Anne ne voit toujours pas venir celui qu'elle attend.

Que de fois je me rappelle aussi les longues causeries du soir où Jérôme, notre aîné dans le sacerdoce, me faisait embrasser d'un coup d'œil la carrière à parcourir. En ce temps-là nous rêvions ce qui est devenu aujourd'hui une réalité.

A l'exemple de nos ancêtres partant pour la guerre sainte, je pris pour la dame de mes pensées, Madame sainte Anne, — la patronne de mon pays et de ma mère. — A vrai dire, elle a plus fait pour moi que je n'ai pu faire pour elle! N'importe! elle jouit en ce moment d'un incomparable fief au Fernan-Vaz (1). Jérôme disait: « L'église sera grande, comme une basilique; il faut que le Noir émerveillé reconnaisse à la grandeur de la maison la grandeur du Dieu qui l'habite. Vous suspendrez des cloches dans les airs; et, trois fois le jour, leurs vibrations bénies, portant jusqu'au ciel l'*Ave Maria* du chrétien, mettront en fuite le démon de la Guinée. »

Puis s'arrêtant, il me disait avec cet air grave qui lui est familier: « Joachim, n'oublie pas que tu es le missionnaire de Sainte-Anne. »

Depuis ce soir-là, les années ont marché, et votre frère a fait son œuvre. L'église de Sainte-Anne est la merveille de la côte africaine; et nos cloches bénites ont pris possession de l'air aussi haut qu'elles pouvaient monter. Plus d'une fois, en écoutant ces chanteuses du ciel, j'ai pleuré d'émotion, tant elles ressemblent à celles qui ont sonné là-bas pour ma première messe, et qui demain sonneront pour toi, ô heureux frère...

Voilà, mon cher Mathurin, où nous en sommes après sept ans de séparation; et toi, que je quittai alors petit écolier insoucieux et turbulent, voici que tu es déjà prêtre!

Au joyeux carillon des cloches de Plumergat, entouré de nos

(1) Le magnifique sanctuaire du Fernan-Vaz possède une relique insigne de sainte Anne, don de Mgr Bécel évêque de Vannes.

amis, tu poses le dernier fleuron à la couronne de notre bonne
mère, tu chantes ta première messe ! Journée de délices et de con-
solations, un des plus beaux jours de ta vie ; et, ce jour-là, ton frère
Joachim, absent de la fête de famille, sentira une fois de plus les
angoisses de son isolement. Du moins les cloches de Sainte-Anne
d'Afrique chanteront, elles aussi, dès le matin du grand jour. Ton
frère pleurera, mais la fête sera célébrée aussi belle que nous pourrons. Puis, à ton tour, tu te lanceras dans la carrière, joyeux et
alerte comme un jeune guerrier plein de vie et d'illusions. Dieu
seul pourrait dire quel sera ton rôle dans le monde, et quel genre
de martyre tu auras à subir. Ce qui est sûr c'est que tu souffriras,
et dans la mesure même du bien que tu rêves d'accomplir. Le
prêtre est une victime, il doit continuer parmi les hommes la mission de Jésus, en souffrant tour à tour dans son corps et dans son
cœur et dans son âme. . . . .

. . . .

Fais-moi la charité de déposer sur ta patène les travaux de ton
frère ; tes prières les féconderont et me sanctifieront. J'en ai grand
besoin, car la sainteté ne se développe guère sous ce climat abru-
tissant. Puis, quand le vieux front de Jérôme s'inclinera sous ta
première bénédiction, bénis aussi l'exilé.

J. B.

VI

Une excursion au pays des Eshiras.

1893.

... Un avis, expédié par Mgr Le Roy, nous avait dit : « Vers le
11 juin, je serai chez vous. »

Exacte, comme c'est la politesse des grands, Sa Grandeur
arriva le 11 juin. C'était un dimanche, un beau dimanche de saison
sèche.

A trois heures de l'après-midi, on signalait au loin l'*Eclaireur*,
vapeur des Chargeurs-Réunis ; et cinq minutes après, toute la Mission était pavoisée. Nos vieux canons souhaitèrent la bienvenue
avec une salve puissante, dont l'écho résonna au loin dans la forêt ;
et, à ce signal, toute la population d'alentour accourut sur la
plage, pour saluer « Le Roy » des missionnaires. Pour la première fois, les portes de notre église allaient s'ouvrir devant un
prince.

Il y fut reçu en triomphe ; puis un salut solennel fut donné, pendant lequel les élèves du P. Steinmetz chantèrent avec un brio et
une maîtrise qui ébahit les étrangers.

. . . .

Hélas ! nous ne devions pas jouir longtemps de la présence de notre cher évêque : les vapeurs n'attendent pas.

Que le bon Dieu lui donne la santé, et la force de porter à tous ses missionnaires la joie de sa visite et le secours de ses conseils.

Novembre 1893.

Au moment où Mgr Le Roy nous quitta pour d'autres contrées, — pendant que mes deux frères pèlerinaient, l'un en Terre Sainte et l'autre en Italie, — je partis moi-même en voyage. — Mais, fi des sentiers battus et des excursions que tout le monde connaît !

Au pays des Eshiras, à l'est de Sainte-Anne, s'étend une vaste région où jamais Européen n'avait mis encore les pieds ; la carte officielle du Congo-Français la laisse en blanc avec cette légende : *Inexploré.* C'est justement ce point blanc, cet inexploré mystérieux qui me tentait ; c'est cet inconnu que j'ai voulu explorer.

Quelle excursion ! Ah ! mes frères, pendez-vous, car vous ne ferez jamais pareil voyage ; un voyage d'un mois, par monts et par vaux, à travers des forêts cinquante fois séculaires, et toujours à pied, couchant au fond des bois ou couchant dans la plaine, tantôt sous la tente et tantôt en hamac suspendu aux branches d'un arbre, vivant comme les indigènes et grignotant avec eux mon bout de manioc ou de banane, gravissant des montagnes de 1,500 mètres et plus d'altitude — dans un pays si beau, qu'il me faisait rêver de chez nous (1).

En comparaison de ces voyages de pénétration, où l'on a la primeur de tant de beaux spectacles, sans que le *guide-Joanne* les ait notés à l'avance, — qu'est-ce que vos excursions banales aux rendez-vous des touristes ! — Bah ! le *great attraction* aujourd'hui, mon bon, est dans les déserts africains : vois, c'est de ce côté que tous les hardis voyageurs se dirigent, en quête de découvertes ou d'aventures, géographes, commerçants et missionnaires : il y a tant de richesses à exploiter par ici, pour enrichir les gouvernements, les sociétés industrielles, — et le ciel !

Et pourtant, il faut le dire, le soir, quand mon hamac doucement balancé par la brise me berçait en ce pays perdu, les songes venaient s'abattre en volées nombreuses et importunes sur ma couche de sauvage ; et je rêvais alors (avec quelle envie !), à celui-ci qui visitait en ce moment même Jérusalem, la patrie de Jésus, à celui-là qui revenait de voir Rome, la ville de Léon XIII, — à l'un et à l'autre (oh ! les heureux !), qui retrouveront, en rentrant de voyage, la maison et le bon visage de notre mère !...

J. B.

(1) Le R. P. BULÉON a raconté son voyage dans les *Missions catholiques*, sous ce titre : *Voyage d'exploration au pays des Eshiras.*

VII

Le langage des Singes.

M. GARNER.

Le 22 avril 1893, abordait au Fernan-Vaz un curieux personnage, dont la présence allait égayer pendant deux mois la vie monotone de la Mission.

C'est une distraction et une bonne fortune pour le prêtre isolé du monde civilisé, de voir arriver dans sa solitude un de ces hardis compatriotes qui s'aventurent dans la forêt africaine ; c'est une bonne rencontre aussi pour les explorateurs, car ils sont assurés de trouver chez lui bon accueil et peut-être bon gîte, une maison de repos toujours, et parfois une source de précieux renseignements.

Celui-ci n'était pas un compatriote ; il fut le bienvenu quand même. Il se disait Américain ; et lorsqu'on le vit déballer les singuliers bagages qu'il traînait à sa suite, quand il eut surtout exposé son projet, on comprit qu'un tel dessein ne pouvait éclore, en effet, que dans un cerveau de Yankee.

La pièce importante de ses lourds bagages était une cage en treillis de fer, très grande et de bizarre aspect ; et il venait au pays des singes, disait-il, étudier sur place les formes et les lois de leur langage.

Vous voyez d'ici la tête que fit le missionnaire devant une pareille révélation ; toutefois il laissa dire, et se contenta d'observer et d'attendre. La représentation promettait d'être intéressante.

Le nouveau venu était M. Garner. Depuis deux ou trois ans, son nom courait dans la presse cosmopolite ; mais le P. Buléon ne lisait pas les journaux et ne pouvait soupçonner quel grand homme il avait devant lui.

Il ne savait pas encore que Garner s'était mis en tête d'apprendre à *parler singe*, comme d'autres apprennent à parler allemand, chinois, sanscrit ou volapük.

Lamartine, pendant son voyage d'Orient, s'irritait de constater que son nom ne fût pas célèbre dans les moindres bourgades de la Syrie ; mais Garner ne se froissait pas pour si peu ; et, avec indulgence, il raconta son histoire.

C'est en fréquentant des singes de ménageries ambulantes et de jardins zoologiques, que l'idée lui était venue d'entreprendre cette étude originale.

Il eut tôt acquis la conviction que les singes parlent effectivement, et qu'on peut arriver à surprendre le sens de leur langage, de manière à nouer conversation avec eux. Et « par pur dévouement pour la science, » il s'était mis à l'œuvre.

Pour prendre date, M. Garner avait déjà publié les résultats de ses premiers travaux ; et son livre — *The Speech of Monkeys* — pouvait passer pour un embryon suggestif du futur dictionnaire anglais-babouin, quoiqu'il ne contînt guère encore qu'une vingtaine de mots.

Mais cela ne suffisait pas à ses ambitions philologiques. Pour posséder à fond une langue, si indigente et si rudimentaire que soit cette langue, il faut à tout prix aller vivre dans le pays et de la vie de ceux qui la parlent. M. Garner sentait parfaitement que le commerce, même assidu, de singes captifs — lesquels ont peut-être, comme nos forçats, leur argot spécial — ne pouvait combler la lacune. C'est alors qu'il avait pris l'héroïque résolution de venir au pays des gorilles, en Afrique, en pleine forêt vierge, pour parachever son éducation sur place.

« Je suis persuadé, avait-il dit dans la préface de son livre, que mes désirs seront couronnés de succès, quand je serai en contact avec les sujets que je compte trouver dans les forêts de l'Afrique tropicale. »

Ainsi s'exprimait le grand savant qui arrivait au Fernan-Vaz.

Parfaitement reçu par le P. Buléon, il établit sa fameuse cage d'acier à vingt minutes de la maison des Pères, près de leur fontaine, en un endroit qu'il dénomma tout de suite : « *Fort-Gorilla.* »

Cette cage, en treillis d'acier, devait lui servir, suivant les cas, de poste d'observation, d'abri et de forteresse. En effet, munie de rideaux et de tapis en toile caoutchoutée isolante, elle pouvait être attachée aux arbres voisins à l'aide de chaînes solides et s'électriser à volonté par un courant fulgurant de 300 volts environ, destiné à la protéger, — contenant et contenu, — contre les approches indiscrètes... D'autre part, M. Garner se proposait, disait-il, d'installer à distance un téléphone dissimulé au fond d'un cornet de fer-blanc, peint en vert, de façon à se confondre avec le feuillage devant lequel il devait placer divers appâts, de nature à inciter macaques, atèles et gibbons à manifester les émotions les plus bruyantes et les plus variées. Les sons ainsi provoqués devaient être transmis à un phonographe placé dans la cage où il espérait pouvoir saisir quelques « instantanés, » afin d'enregistrer les gestes en même temps que les paroles...

La cage dressée, il s'y installa et attendit. Le sort le favorisait : il ne tarda pas à apercevoir l'objet de ses rêves : une mère gorille avec son petit. Son émotion fut grande ; mais, dominant la répul-

sion que lui inspirait la laideur de cette dame, il eut la force de
prendre ses airs les plus engageants, et il lui sourit... Hélas ! la
gorille répondit par une atroce grimace ; et, se détournant avec un
profond dédain, sans mot dire, elle rejoignit à la hâte son mari
qui l'attendait dans la brousse. Averti, non seulement celui-ci ne
laissa plus sortir son épouse, mais il fit « boycotter » par ses
parents cet intrus indiscret.

Depuis, aucun gorille ne parut. Le savant coucha une première
nuit en forêt, puis une seconde, puis une troisième. Mais à la fin,
ne pouvant résister aux attaques, non des gorilles mais des mous-
tiques, il plia bagages, rentra à la Mission, relégua ses instruments
aux débarras, et demanda à s'installer dans une chambre.

Entre temps, le P. Buléon apprit que le célèbre simiologue était
au Congo depuis six mois. — Garner avait séjourné en effet
quelque temps à Libreville, puis visité successivement Lambaréné
et le cap Lopez, demandant partout l'hospitalité aux factoreries
anglaises ; mais ne trouvant de gorille nulle part, et prié par ses
hôtes d'aller... les chercher ailleurs, il s'était réfugié au Fernan-
Vaz.

Les Anglais n'avaient pas su apprécier sa valeur et son dévouement ; voilà pourquoi il est venu demander un asile aux missionnaires.

Mais les missionnaires, à leur tour, commencent à s'inquiéter ;
et leur hôte devient encombrant.

Du reste, M. Garner se montre bon compagnon et bon enfant :
âgé d'environ quarante-cinq ans, grisonnant, obèse, lettré,
agréable causeur, convive toujours prêt, il n'a rien d'un révolutionnaire, pas même d'un révolutionnaire scientifique.

Au point de vue religieux, il est né protestant ; mais aujourd'hui
la réflexion paraît l'incliner vers le catholicisme : il ne manque
jamais le moindre office religieux de la Mission. Affaire de milieu
sans doute.

Et ses études sur le langage des singes ?

Il en parle de temps en temps. D'ailleurs, a-t-il soin de déclarer,
son étude n'est pas ce qu'un vain peuple pense.

Il n'est pas de ces Darwinistes qui s'obstinent à voir dans les
gorilles des oncles attardés ou des cousins trahis par la fortune ;
et finalement, poussé à bout par ses hôtes, il définit franchement
ce qu'il entend par *langage des singes*.

« Ce langage, dit-il, consiste dans les sons que les singes émet-
tent pour communiquer avec leurs semblables.

— Mais, lui réplique-t-on, tous les animaux communiquent par
signes avec leurs semblables.

— Parfaitement. Seulement, les sons que tout le monde appelle *cris*, moi je les nomme des *mots* (1). »

L'aveu est dénué d'artifice. Garner humanise intentionnellement la bête en lui consacrant des termes qu'on n'emploie que pour l'homme.

Il s'agit donc simplement de s'emparer de ces sons, de les distinguer, de les classer, et de communiquer avec les singes comme le palefrenier communique avec son cheval, le berger avec ses moutons, l'oiseleur avec ses oiseaux, le chasseur avec ses chiens : tout ce monde-là se comprend, en effet, et d'aucuns réussissent à se dire vraiment beaucoup de choses.

Les recherches de l'Américain, ainsi comprises, perdaient beaucoup de leur originalité ; elles ne pouvaient plus avoir d'intérêt que pour un éleveur de singes à montrer dans les foires, ou pour les amateurs qui voudraient domestiquer les gorilles et les dresser au service de leur maison.

Toutefois le langage des singes, même à ce point de vue, garde encore un certain intérêt.

— Mais, lui fait-on observer, même à ce point de vue restreint, vos études paraissent insuffisantes : depuis que vous êtes arrivé au Fernan-Vaz, vous n'avez rien étudié d'après nature ; la mère gorille qui s'est approchée de votre cage, en compagnie de son fils, est le seul représentant que vous ayez aperçu de la famille simienne, et elle ne s'est pas laissé interviewer !

. . . .

Sur ces entrefaites, Mgr Le Roy passa lui-même par le Fernan-Vaz. Avec sa verve caustique et sa finesse Normande, il pressa l'Américain et le poussa aux derniers aveux.

Garner se débattait, accusait les circonstances, se plaignait de ses amis : il comptait, disait-il, sur un appareil Kodak extrêmement perfectionné, et l'instrument ne fonctionnait pas ; il attendait tous les jours un phonographe qu'Edison lui avait promis, et le phonographe ne venait pas ; on devait lui expédier des fonds abondants, et il était réduit à vivre aux dépens de la Mission.

Mais alors ?

(1) M. Garner n'a pu tomber un seul instant dans l'illusion où il se propose de jeter ses lecteurs. Il n'y aura sans doute que quelques excentriques à se laisser prendre à son grossier piège.

D'abord, si les singes avaient la faculté du *langage*, au sens que nous attachons à ce mot, c'est-à-dire s'ils pouvaient penser, il y a longtemps qu'ils nous l'auraient fait savoir, et ils n'auraient pas attendu les « douces sollicitations » de M. Garner pour nous l'apprendre.

De plus, une langue est essentiellement variable : elle naît, vit et se transforme ; la faculté seule de parler demeure la même. Or, de mémoire d'homme et de mémoire de singe, les signes et les sons que les singes emploient, ils ne les ont pas appris, ils ne les altèrent pas : d'où il suit que ces signes et ces cris sont le produit de l'instinct qui ne sait e qu'il fait, non le résultat de la pensée créatrice. Mais pour savoir que les singes communiquent entre eux, dans les limites de l'instinct, comme tous les animaux, avions-nous besoin de M. Garner ?

Alors il allait utiliser la science des missionnaires (comme il exploitait déjà leur hospitalité); et, à défaut d'observations personnelles, il recueillerait de leur bouche tous les renseignements qui devaient documenter son livre.

Garner achevait ainsi de se démasquer, et l'on devina enfin à quel puffiste on avait affaire; aussi le P. Buléon, en voyant le sans-gêne de son hôte, crut qu'il pouvait en prendre à son aise avec un tel individu; il ne se fit pas scrupule de recourir lui-même avec Garner aux procédés garnériens, et lui conta sur les singes et sur les indigènes des histoires abracadabrantes.

L'Américain notait tout avec une crédulité apparente, interprétant les faits, les arrangeant, les sollicitant avec habileté à confirmer ses théories.

Mais les missionnaires ont beau être aussi indulgents qu'hospitaliers, ils trouvèrent bien vite la plaisanterie mauvaise et ne se firent pas faute de le dire à l'intrus. Celui-ci le prit de très haut : l'important étant de faire de l'argent, son livre, — dont personne n'était en mesure de contrôler l'exactitude, — n'en « épaterait » pas moins l'univers, disait-il.

Sur quoi le P. Buléon, décidément indigné, — et lassé d'héberger gratuitement le Yankee, — l'envoya patoiser ailleurs.

C'est alors que « l'explorateur, » éconduit de la Mission comme il avait été éconduit dans les factoreries anglaises, se décida à rentrer dans le monde civilisé, muni de ses « documents inédits. »

Il y rentra, comme Tartarin à Tarascon, à grand renfort de grosse caisse. On connaît son boniment :

« Tout le monde sait que je suis allé me fixer au cœur des plus sauvages forêts de l'ouest africain. Là j'érigeai une cage d'acier où j'habitai nuit et jour, plus de trois mois. C'est là que j'ai vu le gorille à l'état de nature (1)... »

Un reporter, — ces indiscrets vont partout, — a eu la curiosité d'interviewer Garner (2), à son retour :

— Pourriez-vous, lui dit-il, demander à souper dans le langage des singes?

— Sans difficulté !

Et il commença aussitôt à pousser une série de cris épouvantables qui ressemblaient, à s'y méprendre, à la voix d'un âne. Le reporter ahuri confesse que, dans l'état actuel de la typographie, il est impossible de reproduire ces accents..... Il insista pourtant :

(1) *Harper's Weekly* : 31 mars 1894. — C'est sur ce même ton que Tartarin racontait ses prouesses en Afrique : « ..... Ainsi je faisais, quand je tuais mes lions..... »
(2) *The Day* : 2 déc. 1893.

— Avez-vous entendu d'autres sons?

— Oui, répond le simiologue,... cependant je ne suis pas encore en état d'avoir une conversation animée.

*
* *

Pas encore !... Voudrait-il donc faire croire aux naïfs qu'il espère entreprendre de nouvelles expériences? Au cas où il se rendrait, une fois de plus, « au cœur des plus sauvages forêts de l'Ouest africain, » nous lui conseillons d'éviter les Missionnaires catholiques, qui ne sont pas plus d'humeur à être ses complices que ses dupes.

Et dire que si ce maladroit, au lieu de pousser jusqu'au Fernan-Vaz, se fût contenté d'écrire son livre au British Museum ou à la Bibliothèque Nationale, il eût évité cette fâcheuse rencontre du P. Buléon, qui vient de faire crouler à la fois son système..... et sa fortune. en démasquant sa supercherie devant la presse parisienne.

Voilà pourtant à quoi servent les scrupules et les demi-mesures!

Le livre documentaire paraîtra-t-il? Peut-être : avec cet homme il faut s'attendre à toutes les audaces.

Du moins, on saura gré aux missionnaires d'avoir révélé l'histoire vraie du Yankee, avant que la légende prit son vol, comme un canard d'Amérique (1).

S. F.

(1) Ce chapitre a été rédigé d'après une savante étude, publiée par Mgr Le Roy dans le *Cosmos* (4 et 11 mai 1895), et d'après le compte-rendu d'une conférence faite au Muséum de Paris par le R. P. Buléon (*Figaro*, 4 mars 1895).

Il permettra aux lecteurs d'apprécier à sa juste valeur l'homme qui a voulu par ses prétendues découvertes provoquer l'admiration universelle et les applaudissements des savants des deux mondes : — en religion, il est tour à tour protestant, catholique, païen ; — au point de vue scientifique, il soutient. dans le double but de se faire un nom et de l'argent, « par le raisonnement et l'expérience, » un paradoxe dont il est le premier à démasquer la fausseté, quand le public n'est pas là ; — à un point de vue différent, il est tout à fait Américain : après un séjour de plus de deux mois au Fernan-Vaz, si nous sommes bien renseignés, M. Garner, empruntant leurs procédés aux intéressants animaux dont il a voulu pénétrer le langage, a payé ses hôtes en *monnaie de singe.*

RETOUR D'AFRIQUE

Missionnaires et Soldats.

1894.

... Vers huit heures du matin, l'officier de quart signala *Kotonou*.

A notre arrivée, il se produit une grande animation à terre : là-haut sur le wharf, en bas sur la plage plus loin encore dans le blockhaus, on s'agite, on fait des semblants de manœuvres militaires ; et on voit bientôt s'avancer de longues files de soldats, — visages anémiés, joues creuses, lèvres blémies par la fièvre, — chacun d'eux portant sous le bras son petit « baluchon. »

On leur a dit : « La guerre est finie ; on rentre en France ; vous aurez un congé pour revoir vos parents ; vous irez au pays... » Et ils marchent, en trébuchant, dans un morne silence comme pour la corvée. — Les ont-ils seulement comprises, ces paroles magiques que l'on vient de prononcer devant eux. « Vous irez au pays ? » Je ne crois pas, car très peu ont souri : ils vont et ils s'arrêtent avec cet air d'indifférence et d'insensibilité qui ressemble bien à la brutale résignation du nègre qu'ils sont venus civiliser. En attendant leur tour d'appel, ils regardent vaguement la mer qui mugit sous le wharf et dont la blanche écume vient mouiller leurs pieds. Plusieurs ne tiennent plus debout ; les autres, les moins malades, leur prêtent appui, ou les portent quand ils peuvent.

Ah ! elles coûtent cher, les victoires, au pays tropical ! la fièvre est sans pitié ; et combien des braves enfants de la France qui sont allés là-bas, ne reviendront jamais !

Dès qu'ils arrivent sur le vapeur, ils se laissent tomber au premier endroit libre ; l'hôpital du bord est encombré, tant les malades s'y pressent, en attendant qu'ils guérissent ou qu'ils meurent.

L'un d'eux attira surtout mon attention. Sa faiblesse était extrême ; la dyssenterie le minait depuis plusieurs semaines.

Chaque jour, j'allais le voir ; le pauvre garçon paraissait si malheureux, et peut-être depuis longtemps n'avait-il pas entendu une parole d'ami ! Aussi les fruits que je lui portais lui faisaient encore moins de plaisir que mes visites. Ses pieds ne formaient qu'une plaie ; les « chiques (1) » les avaient envahis, et le faisaient atroce-

(1) *Pullex penetrans.*

ment souffrir. Il passait ses journées, assis sur sa couchette, à arracher avec la pointe d'un canif ces terribles insectes qui pénètrent sous les ongles et s'y développent. Mais aussitôt qu'il me voyait paraître au sommet de l'échelle, un sourire venait épanouir son visage défait ; il semblait oublier un moment tout ce qu'il avait souffert ; et alors nous causions comme deux vieilles connaissances. Hélas ! je dus constater que la mort faisait son entrée peu à peu dans ce corps anémié.

Nous avions passé le tropique du Cancer, le navire qui nous emportait vers le pays de France voguait sur une mer d'huile, belle comme on ne la retrouve que dans ces régions, — où le froid n'apparaît pas encore et où le soleil commence déjà à devenir clément.

— Où sommes-nous, demanda-t-il ?

— Bientôt aux Iles Fortunées ! lui dis-je.

— Ah ! le pays des bonnes oranges ! En venant, j'en ai acheté à Las-Palmas..... J'étais fort alors, et nous chantions en allant au Dahomey ; maintenant.....

Il s'arrêta, me regarda longuement, et une larme vint mouiller sa paupière.

« Monsieur l'aumônier (c'est ainsi qu'il m'appelait), j'ai quelque chose à vous demander.

— Dites, mon ami. Et je lui pris les deux mains.

— Pensez-vous que je verrai encore ma mère ?.....

Par le hublot ouvert, son regard semble chercher quelque chose, là-bas, au-delà de l'océan immense. Pendant que les vagues mollement ondulées bruissent en tourbillonnant à la proue du navire, et que les remous chuchotent en clapotis contre les flancs en face de nous, on dirait que ses yeux se fixent obstinément sur les traits d'une image bien-aimée.

Et moi qui sais combien sont écoutées au ciel les prières persévérantes d'une mère, je me représentais la sienne agenouillée dans quelque église de village, et songeant avec angoisse que dans cette vie aventureuse son pauvre enfant, exposé sans cesse à mourir, était aussi exposé à mourir sans rencontrer un prêtre qui lui parlât de Dieu.

— Non, continua-t-il, je ne la reverrai pas..... et pourtant, comme elle a pleuré à cause de moi !

— Et votre père, interrompis-je, vit-il encore ?

— Je n'ai plus de père.

— Vous avez des frères, des sœurs ?

— Je suis seul, seul avec ma mère, à qui j'ai coûté tant de larmes.

Il sanglota.

— Je l'ai quittée, ajouta-t-il, par un coup de tête ; je me suis engagé dans la Légion étrangère ; et, depuis, personne au pays n'a entendu parler de moi..... Je cherchais des aventures, je voulais me distinguer, puis rentrer chez ma mère avec des galons sur mon uniforme et la croix. C'était mon rêve. Dieu n'a pas voulu, ce pays m'a tué !... Je songeais à vous donner son adresse : vous lui auriez écrit que l'enfant prodigue est mort ;... mais non, vous ne ferez pas cela ; à quoi bon renouveler sa douleur ? Pauvre mère !

Il ferma les yeux ; et à partir de ce moment, il me fut impossible de lui arracher une parole ; derrière ses paupières closes, il devait revoir sa mère ; je respectai le rêve du mourant et tout doucement je me retirai.

Quelques heures après, on me rappela auprès du malade, et le major me dit en passant : « Réglez-lui ses affaires, il en a encore pour deux heures ! »

Ces deux heures, nous les passâmes ensemble ; il reçut avec beaucoup de piété les derniers sacrements, puis on causa encore, et il me reparla de sa mère.

En ce moment, il était à peu près quatre heures du soir ; des flots d'air frais entraient par les sabords, et le malade sourit une dernière fois à cette vie qui pénétrait partout ; un rayon de soleil vint éclairer son visage : il rouvrit les yeux, un sourire effleura ses lèvres, et sa bouche s'entr'ouvrit ; sa poitrine se souleva comme pour aspirer encore la brise de mer. Puis soudain je frissonnai : j'avais vu passer sur ce visage comme un voile funèbre ; les dernières couleurs de la vie finissent de disparaître, les yeux restent hagards et les lèvres ne sourient plus. Le cœur avait cessé de battre dans la poitrine du soldat.

— Mettez le pavillon en berne, dis-je à l'officier qui passait, le Dahomey nous a tué un Français de plus.

Le lendemain, tous les soldats étaient rangés sur le pont, les officiers en tenue ; un seul endroit fut laissé libre en face de la grande cale ; là, on ouvrit le bastingage et quatre matelots apportèrent le cercueil. Un silence solennel régnait à bord ; on stoppa la machine ; et le navire mollement balancé par les flots continuait doucement sa marche, pendant que l'on disposait le cercueil sur la bascule : il était troué à la tarière sur toutes les faces, et un boulet placé aux pieds devait l'entraîner à pic.

Quand tout fut prêt, on étendit sur le cercueil le drapeau français. Le prêtre s'approcha alors, revêtu de ses ornements sacerdotaux ; et, plaçant sur le glorieux catafalque sa croix de missionnaire, il récita les prières des morts.

Quelques soldats répondaient au *De profundis,* et leurs voix tremblaient ; puis une dernière fois le prêtre dit : *Requiem œternam*

dona ei, Domine. Et lux perpetua luceat ei. Requiescat in pace.
Tous ajoutèrent : *Amen.*

Puis il y eut un silence ; le prêtre s'avança, élevant son crucifix...

— Balancez ! commanda le capitaine ; et la bascule oscilla, le cercueil glissa lentement, un bruit sourd se fit entendre, on vit jaillir l'eau de tous côtés, et l'Océan se referma sur sa proie. Au même instant un coup de canon retentit, dernier hommage rendu au soldat mort pour la France ; et le pavillon français jusqu'alors en berne fut hissé à bloc. Le navire continua sa marche un instant interrompue, et peu à peu les conversations reprirent ; mais à bord, on ne fut pas joyeux ce jour-là.

Je jetai à la mer un petit crucifix, à la place où le cercueil avait disparu. Pauvre enfant, personne ne priera sur ta tombe, et ta mère ne verra jamais la croix qui garde ton cercueil ; mais tu avais gardé la foi de ta mère, et celle qui a prié si longuement dans l'église de ton village, en songeant avec angoisse aux dangers de cette vie aventureuse où son pauvre enfant était sans cesse exposé à la mort, trouvera sa meilleure consolation en apprenant que sa prière a été écoutée au ciel : son fils, avant de mourir, a rencontré un prêtre pour lui parler de Dieu.

. . . .

Quelques semaines après, débarquaient en France les petits soldats du Dahomey : l'entrée en ville fut un triomphe ; et les survivants d'Afrique, ragaillardis bientôt en respirant l'air du pays, ne tardèrent pas à guérir.

J. B.

Un an après.

Les deuils et les souffrances d'antan sont oubliés ; et voici, que de nouveau, petits soldats et missionnaires, guéris par l'air natal, réclament encore l'honneur de repartir.

Au milieu des aventures lointaines, la nostalgie les faisait parfois rêver du foyer maternel ; mais il est une autre nostalgie qui hante le missionnaire et le soldat de France ; et c'est elle qui les attire aujourd'hui irrésistiblement à de nouvelles conquêtes (1).

Pauvres mères, reprenez vos chapelets et priez encore pour les *enfants prodigues* — prodigues de leurs fatigues et de leur sang pour l'Eglise et pour la France.

(1) Au moment où le Missionnaire retournait à sa Mission lointaine, en 1895, des enrôlements volontaires se faisaient pour Madagascar, dans toutes les garnisons de France.

TABLE DES MATIÈRES

Au Fernan-Vaz

Retour d'Afrique.

Abbeville, imp. C. PAILLART, Editeur des *Brochures illustrées de Propagande Catholique*.